艺术体育
高校学术研究论著丛刊

高校乒乓球课程优化与教学模式的新探索

禹雪璐 著

中国书籍出版社
China Book Press

图书在版编目（CIP）数据

高校乒乓球课程优化与教学模式的新探索 / 禹雪璐著 . -- 北京：中国书籍出版社，2021.7
ISBN 978-7-5068-8606-2

Ⅰ.①高… Ⅱ.①禹… Ⅲ.①乒乓球运动 – 体育教学 – 教学研究 – 高等学校 Ⅳ.① G846.2

中国版本图书馆 CIP 数据核字（2021）第 158878 号

高校乒乓球课程优化与教学模式的新探索

禹雪璐 著

丛书策划	谭 鹏 武 斌
责任编辑	毕 磊
责任印制	孙马飞 马 芝
封面设计	东方美迪
出版发行	中国书籍出版社
地 址	北京市丰台区三路居路 97 号（邮编：100073）
电 话	（010）52257143（总编室） （010）52257140（发行部）
电子邮箱	eo@chinabp.com.cn
经 销	全国新华书店
印 厂	三河市德贤弘印务有限公司
开 本	710 毫米 ×1000 毫米 1/16
字 数	214 千字
印 张	13.5
版 次	2023 年 1 月第 1 版
印 次	2023 年 1 月第 1 次印刷
书 号	ISBN 978-7-5068-8606-2
定 价	72.00 元

版权所有 翻印必究

目　录

第一章　高校乒乓球课程教学现状与发展分析 ………… 1
　　第一节　高校乒乓球课程教学现状 ………………… 2
　　第二节　高校乒乓球课程教学中存在的问题 ……… 5
　　第三节　高校乒乓球课程教学发展的趋势与对策 … 8

第二章　高校乒乓球课程优化的理论指导 ……………… 23
　　第一节　多元学科理论基础指导 …………………… 23
　　第二节　现代体育教育理念的依据 ………………… 35
　　第三节　乒乓球课程优化的基本原则 ……………… 41

第三章　高校乒乓球课程教学目标的设置与优化 ……… 45
　　第一节　体育教学目标概述 ………………………… 45
　　第二节　高校乒乓球课程教学目标特征
　　　　　　与功能的呈现 ……………………………… 49
　　第三节　高校乒乓球课程教学目标的编制 ………… 53
　　第四节　高校乒乓球课程教学目标优化的策略 …… 61

第四章　高校乒乓球课程教学内容的选择与优化 ……… 65
　　第一节　高校乒乓球课程教学内容的呈现 ………… 65
　　第二节　高校乒乓球课程教学内容的选择、组织与实施 … 80
　　第三节　高校乒乓球课程教学内容优化的策略 …… 91

第五章　高校乒乓球课程教学方法的设计与优化 ……… 97
　　第一节　体育教学方法概述 ………………………… 97
　　第二节　高校乒乓球课程教学方法的合理选择 …… 100

第三节　常见的乒乓球课程教学方法及应用……………… 104
　　第四节　信息化技术背景下创新教学方法
　　　　　　在乒乓球教学中的应用…………………………… 108
　　第五节　高校乒乓球课程教学方法优化的原则
　　　　　　与策略……………………………………………… 115

第六章　高校乒乓球课程主体的发展与优化……………………… 121
　　第一节　高校乒乓球课程教学中的主体及相互关系……… 121
　　第二节　高校乒乓球教师综合素质的培养与发展………… 131
　　第三节　高校乒乓球课程教学对学生能力的培养………… 136
　　第四节　高校乒乓球课程主体优化的策略………………… 139

第七章　高校乒乓球课程教学环境的创设与优化………………… 143
　　第一节　体育教学环境概述………………………………… 143
　　第二节　高校乒乓球课程教学环境优化的原则…………… 149
　　第三节　高校乒乓球课程教学环境优化的策略…………… 156

第八章　高校乒乓球课程教学模式的构建与应用………………… 163
　　第一节　体育教学模式概述………………………………… 163
　　第二节　乒乓球教学模式与教学系统其他
　　　　　　要素之间的关系…………………………………… 172
　　第三节　当今常见的乒乓球教学模式及应用……………… 177

第九章　现代教育背景下高校乒乓球教学模式的创新与
　　　　探索……………………………………………………… 185
　　第一节　有效乒乓球教学模式体系的构建与实施………… 185
　　第二节　创新教学模式在高校乒乓球课程
　　　　　　教学中的应用……………………………………… 190
　　第三节　现代教育背景下高校乒乓球教学模式
　　　　　　创新与发展的策略………………………………… 200

参考文献………………………………………………………………… 204

第一章 高校乒乓球课程教学现状与发展分析

实施《全民健身计划纲要》是我们国家的基本国策。大力开展全民健身运动,提高全民的身体素质,是国家兴旺的需要,是民族振兴的需要。群众喜爱的"国球"即乒乓球运动是具有中国特色的健身运动项目之一。据心理学专家测试,我国部分省市优秀少儿乒乓球运动员,他们的智力水平、操作能力均优于普通学生,自信心、自持力、独立性和思维敏捷性均较强。所以,人们称乒乓球运动是"聪明人的运动"。

乒乓球运动是全身运动。运动中,对球的高速运行,变化多端的来球方向、落点、速度、力量、旋转以及对方的战术意图等,大脑要在瞬间作出正确判断,动员全身各系统快速工作,选准击球点,采取相应的手法、步法,以适当的速度、力量、旋转、落点,进行恰如其分的回击。在打球的时候,不但持拍手要用力打球,非持拍手还要保持身体平衡,而且身体和两脚也要根据来球的方向、位置,进行左右前后来回移动。久而久之,大脑对来自体内外刺激的反应速度大大提高,从而调节和改善神经系统的功能,提高大脑的工作效率。

第一节　高校乒乓球课程教学现状

乒乓球运动在我国有着广泛的群众基础，高校组织大学生开展乒乓球运动也已经有 50 多年的历史了。在半个多世纪的岁月中，高校体育教育不断改革，重视青年学生的身体素质水平和学生业余文化生活，尽可能地开展体育锻炼活动，培养学生终身体育锻炼意识。

各高校根据自身师资、经费、场地及器材等实际条件，使深受广大青年学生喜爱的、最为普及的乒乓球项目得到良好的发展。其教学课程、课余锻炼和群体竞赛等方面都得到了高校极大的支持，各种形式的乒乓球竞赛活动长年不断。

一、中国大学生乒乓球教学的发展概览

乒乓球运动本身有着巨大的生命力，深受广大群众和青少年的喜爱。在"发展体育运动，增强人民体质"的方针推动下，乒乓球运动在学校得到了迅速普及，有条件的全国各大、中、小学都开展起来。在高校中，清华大学、北京大学等早在 20 世纪五六十年代就为学生开设了乒乓球课，郑州大学 70 年代开设了乒乓球课，并经常组织各校之间的友谊比赛。

1982 年举行了第 1 次全国大学生乒乓球比赛，决赛在清华大学进行，共有十几个省市派出的代表队参加了 7 个项目的比赛。1988 年，在南京举行了第 2 次全国大学生乒乓球比赛。[1]

乒乓球是一项体育运动项目，它理应具有体育的基本功能。乒乓球的教育功能主要体现在身体教育和心理教育两个方面。乒乓球作为学校体育教育的重要内容，受到了广大学生和教师的普遍欢迎，乒乓球热是老师、学生课上课下的真实反应；同样的场景出现在广大城市和乡村，乒乓球作为一项大众项目，在中国有着其他体育项目无法比拟的群众基础。人们在乒乓球运动过程中身体的运动技能在不断提高，机体

---

[1] 严鸣，马德厚，杜峰，等．"十三五"体育俱乐部系列丛书乒乓球[M]．西安：西安电子科技大学出版社，2015．

第一章　高校乒乓球课程教学现状与发展分析

的柔韧性、协调性、敏捷性和适应性都有一定的进步。同时，乒乓球文化也具有心理教育的重要功能，主要是指与智力有关的发展，如人的知觉、记忆、思维、语言和智力等方面。当然乒乓球文化的教育功能还有待充分挖掘。中国大学生乒乓球队于1991年成立，训练基地设在上海，曾多次参加全国和世界大学生比赛，并取得了优异成绩。目前，许多有条件的学校都开设了乒乓球教学课。乒乓球运动正以它本身特有的优势吸引着广大青年大学生的兴趣，深受大学生们喜爱。乒乓球课日渐成为一个热门课程。

1992年在西安冶金建筑学院举行了全国大学生乒乓球比赛，共有30多所院校参加了7个项目的比赛。1994年，在南宁广西大学举行了全国大学生乒乓球比赛，并进行大学生乒乓球协会换届选举。有30多所院校参加了7个项目的比赛。1999年8月在兰州铁道学院举行了第9届全国大学生乒乓球锦标赛，来自清华大学、北京大学、上海交通大学、华东理工大学等27所高等院校的44支球队，近300名运动员、教练员、裁判员参加了本次比赛。这是参赛人数最多、规模最大的一次盛会。

2000年9月1至11日，由教育部、国家体育总局和共青团中央主办，四川省人民政府承办的第6届全国大学生运动会在成都市举行。共有来自21个省、自治区、直辖市的144名运动员，参加了在四川工业学院举行的乒乓球比赛。最后，四川队和上海队分获男、女团体冠军，5个单项比赛的冠军全部被上海运动员获得。

2001年8月，在上海华东理工大学举行了第10届全国大学生乒乓球锦标赛，共有来自全国36所高等院校的男、女近80支代表队，参加了为期7天的甲、乙组的比赛。最后，上海交通大学和华东理工大学、郑州大学和华南理工大学分获甲、乙两个组别的男、女团体冠军。

2002年8月，在黑龙江大学举行了第11届全国大学生乒乓球锦标赛，同时召开了中国大学生体育协会乒乓球分会的换届选举大会。在本届比赛中，清华大学、北京大学、上海交通大学、华东理工大学、郑州大学、天津科技大学、黑龙江大学，分获两个组别男女团体、男女单打、男女双打和混合双打各7个项目的冠军。

2004年8月28日至9月6日，由教育部、国家体育总局和共青团中央主办，上海市人民政府承办的第7届全国大学生运动会，在上海市举行。共有来自21个省、自治区、直辖市和香港、澳门特别行政区的

160名运动员,参加了在华东理工大学进行的乒乓球比赛。最后,广东队和上海队分获男、女团体冠军,7个单项比赛的冠军分别被上海、广东、辽宁、天津运动员获得。

二、高校乒乓球教学的基本现状

目前,我国许多高校都开设了乒乓球课,大学生对乒乓球课非常喜爱,已成为大学生体育课的主要选课项目。据不完全统计,我国高校中开设乒乓球必修或选修课的比例占高校总数的78%。

国务院在《全民健身计划纲要》中要求学校"要对学生进行终身体育的教育,培养学生体育锻炼的意识、技能与习惯"。倡导全民做到"每人每天参加一次以上体育健身活动,学会两种以上体育健身方法"。随着中国教育改革的深入,学校教育越来越重视学生素质的发展,乒乓球选修课受到越来越多的大学生的喜爱。乒乓球欣赏能够促使大学生去学习必要的欣赏知识,比如乒乓球的发展史和优秀运动员的打法风格,比赛的规则和比赛方法,主流的技战术,以便获得更加赏心悦目的精神享受,而这样在不知不觉中就可以提高自己欣赏水平和技能水平,加深对乒乓球文化的理解,进而学会利用乒乓球进行健身的方法,为其终身进行乒乓球运动打下良好的基础。

我国高校乒乓球教学应坚持科学、历史、严谨、求实的态度和创新思维方式与追求创新目标的精神,不赞同那种浮躁的、孤傲的、虚无的作秀文风与玄学怪论。我们应坚持继承、发扬、借鉴、创新、超越、争强的信念。乒乓球体育文化是一种良好的情感调节剂,作为人类文化重要部分的体育文化生活,它不仅可以作为紧张学习工作之余的体力、脑力恢复的调节剂,而且还可以进一步作为人们娱乐、享受、愉悦身心的调节剂。在生理和心理的需求方面,通过身体放松运动、竞技比赛、与大自然交流等,为丰富人们的精神文化生活供给营养,也供人们欣赏美。体育文化的审美价值融合在人们的情感体验之中,提高人们的精神境界,培养高尚的道德情感和审美情趣,从而推动和谐社会的构建。

此外,乒乓球运动也是我国高校课余运动锻炼的重要项目之一。乒乓球在学校中有着育人作用。在学校教育中,说教的手段固然有一定作用,但是仍比不上体育在道德与利益冲突中亲自体验竞争的实践教育。在乒乓球运动中有个人项目还有团体项目。参加体育运动本身就是一种个性的展示,它为个体的展示提供了一个舞台,不同的个体通过自己的方式来表现自己的个性,并在运动中享受自己的快乐。而团体比赛需要的则是团队成员之间的默契、合作,相互帮助、相互协调才能达到自己的目标。就这样增进了学生之间的亲和力与相容性,提高了自身修养。

《公民健身计划纲要》中指出:为进一步增强人民体质,适应我国社会主义现代化建设需要,必须采取切实有效的措施,推行全民健身计划,发展群众体育。只有健康的身体才能更好地提高生活质量,确保精力充沛地投入自己的事业之中,实现自身的全部价值。因此在生活中多运动,在运动中培养自己的竞争意识、生存意识从而能在目前日益激烈竞争的工作环境中作更好的拼搏。

第二节 高校乒乓球课程教学中存在的问题

现阶段,我国高校乒乓球教学中存在一些具有普遍性的问题,在乒乓球教学过程中,学生不可避免会出现对技术动作的掌握不标准或出错的情况,对此,教师应正确应对,及时给予引导,纠正学生在学练过程中可能出现的错误。下面分析几个主要问题。

一、教学理念有待更新

高校乒乓球教学存在各方面的关系,如教与学的关系,普及与提高的关系,个体个性化教学与集体普及性教学的关系,教学与训练的关系,健康目标与技能目标的关系,等等。面对各种各样的关系,如何处理,处理是否妥当,直接影响高校乒乓球教学效果与教学的持续发展。目前而言,在我国高校乒乓球教学中这些关系并未得到妥善的处理。例如,高校乒乓球教师在乒乓球教学与训练中忽视了健康目标,忽视了培养大学生的终身体育意识与习惯,而一味注重培养与提升乒乓球技能。

多元化教育是现代高校体育教育的发展趋势,虽然部分体育教师意识到了树立多元化教育理念的重要性,但是因为探索与创新意识较为薄弱,理论素养较差,因此教学理念一直没有更新,甚至连起码的教学方法与模式创新都做不到,导致高校乒乓球教学未能真正将"健康第一""终身体育""素质教育"的教育理念落到实处。

二、教学设施有待完善

乒乓球硬件设施条件不能满足乒乓球教学需要、乒乓球训练和比赛需要以及广大乒乓球爱好者的需要,这是高校乒乓球运动发展中普遍存在的问题。虽然这个问题已经引起了学校领导的重视,学校也投入了资源来解决这个问题,但是整体情况依旧不乐观,具体表现在以下两个方面。

第一,乒乓球场地设施有限,乒乓球运动场地、乒乓球桌、乒乓球拍的数量和上乒乓球课学生的数量比例严重失衡,学生上课的基本需求都得不到满足,有些学生甚至一节课都不能上桌打球。

第二,因为缺乏管理或管理不善的原因,高校乒乓球场地设施与器材陈旧、老化,严重磨损,使用寿命大大减少,甚至还存在安全问题,导致学生在乒乓球课上出现意外损伤。

三、教学内容不切实际

乒乓球教学活动并不是只要学生对这项运动和这门课感兴趣就可以顺利开展了,在学生喜欢乒乓球运动,对乒乓球感兴趣的基础上还要看教学内容是否符合实际、是否能满足学生需求,如果做不到这些,那么乒乓球教学活动依旧无法顺利开展。

大学生来自全国各地甚至国外,他们的实际情况有很大的差异,具体表现在健康水平、家庭背景、运动基础、体育认知等各方各面,这些差异明显的因素决定了不同学生的乒乓球基础和技术水平也是有差异的,而乒乓球教学内容又是统一的,不管面向什么大学生授课,都是重复同样的内容,这就会造成这样一种尴尬的结果,基础好的学生需求得不到满足,也就是"吃不饱";而基础差的学生跟不上教学进度,也就是"吃不下",所以不管对什么基础水平的学生来说,都不利于其进步与发展。

此外,在传统教育理念的影响下,高校乒乓球教学内容始终如一,或者换汤不换药,教师按部就班授课,学生被动听课,被灌输单调重复又老套的知识,没有体现出教学的差异性、层次性和针对性,这样的教学内容安排或许可以使学生应付考试,甚至取得不错的考试成绩,这样看起来乒乓球运动教学效果显著,但实际意义却不大,对广大高校学生的全面发展、共同进步没有起到实质性的促进作用。

四、教师专业素质参差不齐

高校乒乓球教学水平、教学质量、教学效果在很大程度上是由乒乓球教学活动的实施者也就是乒乓球授课教师所决定的。现代教育理念能否真正落实,丰富多彩的教学内容能否有效实施,多样新颖的教学方法能否充分发挥作用,都与教学实施者本身的教学能力有关。总之,高校乒乓球教师队伍是推动高校乒乓球运动发展的关键力量,因此要特别关注与重视这支队伍的专业教学素养。

目前来看,我国高校乒乓球教师的专业素质和教学能力都不太高,一些乒乓球授课教师非专业出身,而是作为一名普通的体育教师什么体育课都教,他们的专业水平、教学经验都比较欠缺,自己都没能系统、全面、深入地研究乒乓球运动的文化知识与技战术,不熟悉乒乓球教学体系,何谈培养大学生的乒乓球文化知识与技能素养。教师不专业严重影响学生的学习兴趣与激情,缺乏专业素养的教师难以在学生中树立权威,难以赢得学生的信任与敬仰,也很难获得学生的配合,最终导致乒乓球教学效果差。

五、教学评价不合理

乒乓球教学评价是乒乓球教学体系中非常重要的组成部分,在整个乒乓球教学系统的运行中是非常关键的一个环节。乒乓球教学评价在各大高校一直都很受重视,但是高校实施乒乓球教学评价普遍以终结性评价为主,也就是重视学生在最后乒乓球考核中的成绩,而不注重过程性评价,忽视了学生在日常乒乓球教学中的学习态度与表现以及课后参与乒乓球运动的情况。

过分强调乒乓球考试结果而忽视乒乓球学习过程的乒乓球教学评价终究是不科学的,是片面的,是不切实际的,是应试教育的表现。这种评价不足以让学生发现自己在学习中存在的问题,不能指导学生有针对性地解决自己的问题,弥补自己的缺陷,而且单纯靠分数来评价学生的优劣会对学生的自尊心和自信心造成打击,最终可能导致大学生对乒乓球学习失去信心,对乒乓球运动失去兴趣,一旦学习主体失去了学习兴趣,学习积极性严重下降,那么就难以取得令人满意的教学效果了。

第三节 高校乒乓球课程教学发展的趋势与对策

随着我国教育改革的不断深入,学校体育的发展也异常迅速,这就要求学校体育教学管理者和体育教师根据现代化体育教学的实际情况,借鉴先进的教学思想,积极总结和思考出新的体育教学理念,以适应当前的体育教学事业的发展节奏。

一、高校乒乓球教学的发展趋势

当前,我国高校乒乓球课程建设与实施是"自上而下"的,是从上级到下级一步步落实的,整个过程都是有序进行的,但在这个有序推进与落实的过程中,学生的需求不被重视,对学生的学习要求不明确,对学生没有明显的期待,课程建设中忽视了学生的主体地位,导致学生不能完全认同、接受与理解课程内容与传达的知识信息,最终影响了课程实施的效果,也在实践论证中反映出课程设置是有问题的。

下面具体从课程目标、内容、实施以及评价四个方面来分析我国高校乒乓球课程建设情况和发展趋势。

第一章 高校乒乓球课程教学现状与发展分析

（一）乒乓球课程目标建设现状

在高校乒乓球课程建设中，关于课程目标的建设，主要存在目标不太明确的问题，具体表现如下。

第一，乒乓球教师与学生在健康目标的认识上并未达成统一，一些学生认为自己通过上乒乓球课锻炼了身体，体质得到了改善，但部分教师认为当前的乒乓球课程安排不足以促进学生全面健康。

第二，在乒乓球课程目标体系中，运动参与目标占重要地位，但目前关于这个教学目标的定位并不合理，主要是满足学生兴趣，定位层次显得不高，没有充分体现出乒乓球技能的特征与价值。

第三，大学生对乒乓球课程的内在认知以及其参与课程的积极性直接影响乒乓球课程效果。乒乓球教师在关于教学目标的传达上也不十分明确，导致学生认识不清晰，对乒乓球运动参与度低，而且参与水平参差不齐。教师对教学目标的模糊传达是教师教学态度不端正的表现，这也是影响学生学习的一个重要因素。

第四，社会交往是大学生参与乒乓球运动的一个重要动机，希望通过上这门课程对提高他们的社交能力有帮助，但社会适应目标并未受到教师的重视。

（二）乒乓球课程内容体系建设现状

总体来说，我国高校乒乓球课程建设中选择的教学内容比较片面、单一和保守，过度关注乒乓球运动技能的教学内容，甚至围绕这个核心来选择相关教学内容，没有考虑学生的认知水平，没有考虑健康目标。

下面从理论与实践两个方面来探讨课程内容的问题。

1. 理论方面的问题

乒乓球课程理论内容方面的问题如下。

第一，理论课程安排与上级部门的相关规定不符，未达到上级要求。

第二，缺乏健身性与文化性相结合的理论内容，过分关注围绕乒乓球技能来传授理论知识。

第三，在理论内容的实施中采用的教学方法老套重复，导致理论课程实施效果不理想。

第四，理论课内容节点不符合学生的认知节点，二者之间缺少必要的联系与共性。

第五,学生对课程内容的学习缺乏正确认知,倾向于学习技巧类和竞技类的知识,而忽视了教育性、社会性的内容。

2. 实践方面的问题

在乒乓球课程实践内容的安排上,因为学生对乒乓球运动的认知水平较低,运动能力也有明显差异,所以很多高校将乒乓球基础技战术作为主要实践内容来重复讲解、示范,引导学生重复练习,缺乏层次性和丰富多样性,导致一些基础好的学生不满足实践课安排,基础差的学生在经过一段时间的练习后,有了基本功后也渐渐厌倦了这种重复的教学。

(三)乒乓球课程实施现状

乒乓球课程实施方面主要存在的问题是实施体系结构不符合学生认知水平,二者之间缺乏在节点上的对应关系。下面具体从教学方法、教学组织和教学控制三个方面的实施情况来分析。

1. 教学方法实施

乒乓球课程实施中主要采用讲解法、示范法、练习法等传统教学方法,这些方法重复使用,没有融入新鲜的能吸引学生注意力的科技元素,导致学生学习兴趣不高,学习进度缓慢。

2. 教学组织实施

面向全体学生集中讲解、对学生进行分组练习是高校乒乓球课程组织的两种常见形式,总体而言形式单一,拘泥于常规,刻板老套,缺乏创新,也导致师生之间缺乏互动。

3. 教学过程控制

关于乒乓球课程教学过程控制的问题,教师与学生有不同的理解,教师严格控制,安排好每个环节,希望学生按部就班跟着节奏走,整个过程中缺少了兴趣与互动,氛围压抑,而学生希望教师给他们留下自由学练、发挥与自由讨论的时间与空间,希望教师尊重学生的个性化发展。

（四）乒乓球课程评价现状

高校乒乓球课程评价体系不够完善，具体问题表现如下。

第一，在对学生的评价中，课程评价规定、期末考核方法及评分机制设置得不够完善。

第二，教师在课上、课间对学生进行评价，但无法顾及每个学生。

第三，以教师评价为主，自评、互评等手段运用不多。

第四，对教师的评价不受重视，只能从学生的考核结果中侧面反映教师的教学情况。

二、高校乒乓球教学的发展对策

当前我国高校乒乓球教学发展过程中还存在着诸多问题，需要针对这些问题提出一系列的发展对策。

（一）积极推进乒乓球教学改革

1. 优化调整教学内容

作为我国的国球运动，乒乓球教学在我国高校中普及率很高。高校进行乒乓球教学改革，首先要优化教学内容，调整课程设置，让大学生能够切实感受到乒乓球运动的魅力，自觉加入到训练中来，达到健身和竞技的目的。高校对于乒乓球的教学内容应该有更为专业和科学的规划，理论与实践技术并重。高校的乒乓球教师在教学过程中很少教授关于乒乓球的理论知识，学生对乒乓球的认识明显不足，只是一味地练习技能，造成学生"一问三不知"的现象。体育也是一种文化，如果一名乒乓球学员不熟悉其历史及其发展特点等，那么说明高校开设的这门课程是失败的。一位优秀的乒乓球运动员只有在丰富的理论基础支持之下，才能打好球，判好球，看懂球。只有从思想上进步，行动上才会进步。因此，在学习乒乓球时，不仅要掌握乒乓球的相关技巧、战略策划，还要主动接受理论文化，让知识推动技术进步，让理论促进技术的发展。就高校开展乒乓球运动而言，优化调整教学内容应该从乒乓球理论课和实践课两方面着手。

（1）优化调整理论课的教学内容。乒乓球教学首先应该帮助学生夯实理论基础，掌握基本的技术理论和要点。系统地指导学生厘清不同类型打法,帮助学生全面地掌握各种打法的基本战术。乒乓球理论不仅针对性强,而且内容广泛,难度较大,因此,教师在教学过程中必须认真研究技术理论及其相互联系,并针对不同教学对象的不同情况,因材施教,合理地设计教案,科学地运用教学方法,合理地安排教学进度。乒乓球的教学内容方面战术是关键,要将各种战术理论融入教学内容中去,既要体现全面又要突出重点。

(2)优化调整实践课的教学内容。乒乓球课的教学内容就是教师在教学过程中传授给学生的体育知识、基本技术、技能的统称,它具有广泛性、科学性和系统性。乒乓球运动作为一种技能类项目,它的技术动作复杂,并且动作与技术之间有着广泛的联系,并相互促进。所以,在乒乓球实践课内容中,应尽量选择一些实用性较高的技战术作为教学内容。例如在进行正手攻球的基本功训练时可以增加一项在规定时间内记录所打下的板数,依据这个数字给学生定一个实际要达到的目标,这类方法可以活跃课堂中的学习气氛,营造良好的课堂教学环境,使学生有良好的心理情绪,有利于对知识的获取。同时,还应该向学生介绍一些乒乓球运动的高级技战术,这种内容以让学生了解为主、掌握为辅,不做刻意的达标要求,为那些有需要的学生准备,从而达到各种水平的学生都能满意课程内容的效果。随着高校体育教学改革的深入,教学内容的重点应突出基本技术、组合技术和战术的运用,把基本技术动作的教学安排在前,以便让学生建立良好的乒乓球比赛的概念,在理解的基础上学习相应的技术动作,提高学生学习的兴趣,培养技、战术的合理运用。

乒乓球运动不仅考验一个人的动手能力,思考能力也至关重要。运动员要根据球运动的轨迹来判断球落下的位置,还要细心观察对手的运动习惯,以此来分析判断出对手下一次出球的方式。运动员们需要通过长时间的观察、冷静的思考、精密的规划等方式来对战术进行分析。战术的最佳讲解模式便是教师根据学生的实际情况创设学习情境,规划好每一个课时的内容,从学生的兴趣点出发,让学习内容与社会热点连接起来,从而提高学生学习的效果。

2. 改进完善教学方法

体育教学方法是在体育教学过程中,教师和学生为实现共同的教学目标、完成体育教学任务而采取的不同教与学相互作用方式的总称,它是体育教学过程整体结构中的一个重要组成部分,是教学的基本要素之一。

体育教学实践也证明,教师如果不能科学地选择和使用教学方法,就会导致师生消耗精力过大、教学效果差。所以,正确的选择、运用体育教学方法,对于高校乒乓球更多更好地培养人才具有的重要意义。

高校乒乓球教学的主要目的是让学生通过运动进行体能训练,并能把乒乓球作为一项技能展示。因此,高校在制定教学内容时应以锻炼身体为主要目的,教学内容应该符合本校的发展状况,综合考虑,不断更新观念、创新方法,才能应对新时代人们对体育运动的要求。高校教师应该不断学习。积极研究出适合自己学生的教学方法,努力引导学生,发现学生的优势,让学生在教师精心护养下茁壮成长,让学生的激情贯穿整个学习过程。高校时刻把更新的观念注入教学研究之中,只有这样,乒乓球教学的质量才能得以提升。

3. 端正动机、激发兴趣

乒乓球是国际正式体育比赛项目。普通高校开展乒乓球教学不但增强了大学生的身体素质,也在很大程度上改善了大学生脆弱的心理素质状况。目前在普通高校的乒乓球教授过程中,其教学的模式和内容仍以教师讲解和示范为主,没有准确性和目的性。如何改革高校乒乓球的教学内容和方法,让高校乒乓球的教学变得更为科学和系统,是高校乒乓球教学发展亟须解决的问题。

中国的乒乓球文化十分浓厚,它灵活性强、互动性高,具有其他体育运动所不能比拟的优势。在国家对体育运动的支持下,普通高校中的乒乓球课程也进行得如火如荼。但要想学好和学精这项运动,则需要研究战术、磨炼技巧、锻炼心理素质,这些内容的学习需要大学生花费大量的时间、投入许多的精力,才能达到学习的目标和明白体育竞技的意义。通过访问和调查发现,在高校短暂的实践教学中,学生并不能在极短的时间内掌握乒乓球所有内容,对抗性的比赛需要长时间的练习才能熟练。这一系列问题的出现给高校的乒乓球授课带来了巨大的挑战。

4. 加强组织、营造氛围

乒乓球这一运动的存在,是为大学生们提供了一种有效的情感宣泄方式。现今乒乓球的教学模式是通过传统的讲授来使学生学习的,这种学习方式极大地固化了学生的思维模式,从根本上限制了学生的发展能力。模仿性的学习容易让学生走入学习的误区,每个学生都千篇一律,毫无特点。理论和实战所占的比重也不合理,缺乏科学的划分。各高校之间对于乒乓球课程的学时缺乏一个系统的划分,时间比重不符合体育运动应该有的标准。教师授课的方法和内容较为单一,不仅影响了教学的效果,还限制了学生学习能力的发展。应该培养和发扬乒乓球运动精神,鼓舞学生的激情与斗志,营造出积极拼搏的氛围,让学生真正热爱乒乓球这项运动,愿意为之付出辛苦的训练和汗水。

5. 发掘乒乓球文化

自 1904 年乒乓球运动传入中国,经过一百多年的发展,乒乓球已经成为中国的国球,我国已经成为乒乓球大国,是国际乒乓球比赛的常胜将军。乒乓球也是我国开展全民健身的一个深受欢迎和喜爱的项目。如今乒乓球不仅仅是一项简单的运动与比赛项目,更形成了一种精神与文化。我国一代代乒乓球比赛冠军、运动员、教练员、陪练员以及乒乓球教育工作者,乒乓球技术、战术理论研究者们,将乒乓球精神与乒乓球文化继续升华与深化。带领学生领悟中国乒乓球发展的历史与文化,能够更加激发学生的兴趣与训练热情,为我国乒乓球比赛队伍储备力量。

(二)加强乒乓球师资队伍建设

发展我国高校乒乓球教学,关键要组建经验丰富、技术过硬的专业的教师队伍。一位好老师就相当于国家队的好教练,优秀的教师才能教育出优秀的学生。乒乓球教师是学生的领路人,教师的社会价值是其他劳动无法比拟的。教师是乒乓球教学活动的主体,是影响教学效果的最重要的因素之一,一名合格的高校乒乓球运动教师既是学生理论技术的启蒙者,又是战术的重要传授者。目前,我国专业的乒乓球教师还很缺乏,组建教师队伍也不能一蹴而就,这是一项需要长期坚持的工程,必须有针对性的、较为全面的计划和合适的管理,教师的自身素质也是影响学校乒乓球运动开展的重要因素。

随着近些年国家相关政策的推出与高校持续努力,高校教师的数量随着高校招生规模的扩张也得到了很大的扩充,学成毕业的青年乒

第一章 高校乒乓球课程教学现状与发展分析

乓球教师已经准备就位,奔赴岗位。数量与质量需要成正比例增长,教师的专业素养和技术水平也需要得到大幅提高,人才已经不仅仅是简单的知识数量的拥有者,还必须是知识、能力与创新的复合型人才。在当今形势下,教师的学历与知识结构受到了很大的挑战。与其他专业与学科相比,高校体育教师队伍的培养与建设一直不够受到重视,尤其是高校乒乓球教师的学历、职称比例的结构普遍滞后,具有研究生学历以上的教师的比例偏低,教学科研型高校要达到80%以上(其中具有博士学位教师比例达到30%以上);教学为主的本科高等学校达到60%以上,职业技术学院和高等专科学校达到30%以上。目前,我国高校乒乓球教师总体水平与这个标准还有很大的差距,需要尽快改变与提高。

近年来,国家大力提倡素质教育,同样,高校乒乓球教师的专业素质也是提高师资水平的重要环节,教师的专业素养是影响高校乒乓球课程发展非常重要的因素。提升高校乒乓球教师队伍的专业素养可以从以下几个方面入手:注重理论知识方面的培训,提高基础理论水平。对于一些专业技术水平较高的教师应着重从理论知识方面入手培训;而对一些有一定学历和职称的学院派教师来说,应提高其自身的实际技术水平,积极练习,提高自己的专业技术,在做示范动作时,给学生完美的动作感,激发学生的学习兴趣。

1. 针对教师进行培训

当今世界变幻万千,在如今这个科技高速发展的年代,人才仍旧是最稀缺的资源。在全球化数字技术大发展的今天,知识就是最大的财富,利用科技来提升教学水平,在高校乒乓球教学领域同样适用。师者传道、授业、解惑,教师的专业素质高,教学能力强,才能教育出优秀的学生,才能培养出适应现在社会的人才。尊师重道是中华民族千百年来的优良传统,把提升教师的素养水平和社会地位落到实处,重视和加强对教师继续教育的思想,接受终身教育理论,教师必须不断地接受教育,即通过在职研修转变教学观念,更新学科专业知识,提高教育教学技能,以满足教育发展的需要,不断学习和补充新鲜血液。目前针对我国高校乒乓球教师的专门培训还没有发展起来,大多数的教师在工作以后没有进行过继续教育和培训,少数由学校组织的培训一般时间很短,培训内容过于简单,缺乏新颖内容,不能满足教师继续深造与提高的需求。由于高校对教师在职培训和进修不够重视,导致许多年轻教师参加工作以后,在技术和教学水平上一直停滞不前,甚至丧失了运动的拼搏精神与激情。要改变这种现状,全国各高校应本着为学生负责的宗旨,加大每年的投入,认真研究并落实对体育教师进行的培训计划。一方面鼓励中青年教师通过多种形式取得更高学位和更多相关证书;另一方面,为提高高校教师专业素质,学校定期组织教师进行培训和进修也是一种最为可行的重要途径。建立完善的培训体系,设计丰富而实用的培训课程,但是课程内容需要经过认真研究,注重实用性与创新性相结合,不应总是墨守成规。通过举办培训班,提高现有教师的专业知识和技术技能,不断积累教学经验,使高校体育教师的教学、科研水平在整体上得到提升。

2. 挖掘现有师资力量

充分发挥教师在教学中的作用,是乒乓球教学观念创新的重点。而教师自身启发和引导作用的发挥是关键,以"教"为"学",引导学生主动学习,不断发展自身的创新能力,从而促进乒乓球教学效果的提高。

教师要认真做好课前准备工作,同时学生也要做好课前预习,以使课堂教学活动得以顺利开展。学生在课前有了充分的预习准备,可以在现代乒乓球运动多维度探究课堂上更好地认识和掌握所学的乒乓球理论知识与技术动作。教师要在课堂上做好讲解和示范,引导学生学习理论知识、掌握技能动作。教师专业的讲解和示范对学生的动作,形成严格的技术规范有着重要作用。具体来说,教师首先要详细准确地讲解动作技术,特别是重点动作与难点动作,然后再进行示范,并引导学生认真观察动作细节。教师在这个过程中可以通过趣味性教学法来创设情境。例如,模仿优秀乒乓球运动员的代表性动作,以此来调动学生学习的积极性。

3. 引进年轻教师健全结构

传统的乒乓球教学存在过分重视教师在课堂中的作用、忽略学生能动性的提升,教学程序与教学方式比较僵化等不足之处。要解决这些问题,就需要改革和创新乒乓球教学方法,适当拓宽教学组织形式。目前,在我国高校乒乓球教师队伍中,拥有的学历中,硕士、博士学位的教师占比偏低,教学经验丰富的教师年龄偏高,面临着二线及退休,年轻的教师由于缺乏经验并不能胜任教育的主力工作,整体上出现了断层现象。因此,在对现有的乒乓球教师培训基础上,大力引进一些高学历、专业的乒乓球教师来加强教师队伍力量和提高教师理论技术学术水平。发展高校高学历、年轻化的师资队伍的主要途径是以公开、公正、公平招聘制度为依据,充分发挥其积极的作用,引进一批德才兼备、技术精湛的优秀教师,促进高校乒乓球教学的高质量发展。

(三)更新完善乒乓球场地设施

与其他体育运动项目不同,乒乓球教育对环境、器材、场地等依赖性比较强,会受到各种因素的限制。但是,从另一个角度来看,乒乓球运动在场地方面的限制性是非常小的,因此,很多国家早已将乒乓球运动引入家庭,乒乓球运动也具有其他运动项目无法比拟的优势,这些优势使得乒乓球在教育方面有着其他运动无法达到的教学效果。第一,自开展全民健身以来,乒乓球运动在全国的普及率和全民喜爱程度大幅提升。"国球"这个称号也体现出乒乓球受群众的喜爱程度,这个称呼的得来因为乒乓球运动不仅仅是国际比赛上的夺金项目,更是全民健身大力推广的运动,乒乓球精神激励了人民的健身热情,所以群众迅速普及起来了,从那个时候开始便有了一个很好的群众基础,后来伴随着乒乓球运动越来越热,参与到这项运动的人越来越多,乒乓气氛也越来越浓厚。其次,乒乓球的要求条件不高,一是球台的要求,在以前没有标准球台时用张门板、桌面或者是水泥砌制而成的球台就可以进行;再一个它对参与者的体能要求不高,它也没有篮球足球那样的强烈对抗性,而且参与者的人数不限,多则十几人少则两人都可以。再次,据研究,黄种人尤其是中国人的小脑发达,在乒乓球方面上手很容易。所以乒乓球这项运动很受群众和学生的喜爱,非常适合在大众体育和学校体育中开展。所以,要不断加强体育场馆、器材的建设,在其场馆、器材建设或完善过程中需注意以下几点。

1. 确保经费投入,完善场地、器材建设

师资队伍的建设是乒乓球教育的软实力,需要投入大量的经费,而高校乒乓球场馆和设备等乒乓球教育的硬件,同样需要加大投入,提高建设规模和标准。虽然教育经费十分有限,但是仍需要综合考虑,科学、合理地使用,不能因培养师资力量而挤占硬件设施的份额。乒乓球教育理论联系实际,注重实践,如果没有足够的场馆、器材等基础设施,学生单纯地学习理论知识而没有场地和器材进行实际训练,是达不到理想的教学效果的,也会阻碍高校乒乓球教学的发展。因此,高校需加大对乒乓球场地设施专项经费的投入,建设标准的乒乓球训练场馆,配制充足运动器材和设施。

2. 完善场地设施结构和布局

乒乓球运动所需要的场地空间不是很大,一般场地为20米长,7米宽,4米高。高校乒乓球场地建设是学校完成乒乓球教学、运动训练、课外体育活动、培养学生综合素质最重要的物质条件,合理地设计乒乓球场地与设施,对于完成学习体育目标、丰富校园体育生活、维护学校的正常教学秩序、美化校园环境、增进师生的身心健康都有很积极的作用。

(1)比赛场地与比赛区域,正规比赛,如奥运会乒乓球比赛,对场馆有一定的要求。区域包括可容纳4张或8张球台(视竞赛方法而定)的标准尺寸(8米宽、16米长)的正式比赛场地、比赛区域还应包括比赛球台旁的通道、电子显示器、运动员、教练员座席、竞赛官员区域(技术代表、裁判长、仲裁等)、摄影记者区域、电视摄像区域以及颁奖区域等所需要的面积。

(2)灯光,比赛环境会随地点的变化而有所不同。但是,良好的照明系统对于乒乓球比赛来说至关重要。碘钨灯(照度不得小于500勒克斯)是最好的照明系统。距离地面4米的高度是最理想的照明高度。奥运会为了保证电视转播影像清晰,要求照明度为1500~2500勒克斯,所有球台的照明度是一样的。如果因电视转播等原因需要增加临时光源,该光源从天花板上方照下来的角度应大于75度。奥运会比赛区域其他地方的照明度不得低于比赛台面照明度的二分之一,光源距离地面不得少于5米。场地四周一般应为深颜色,观众席上的照明度应明显低于比赛区域的照明度,要避免耀眼光源和未遮蔽的窗户的自然光。

(3)地面,地面应为木制或经国际乒联批准的品牌和种类的可移动塑胶地板。地板具有弹性,没有其他体育项目的标线和标识。地板的颜色不能太浅或反光强烈,可为红色或深红色;不能过量使用油或蜡,以避免打滑。

第一章　高校乒乓球课程教学现状与发展分析

（4）温度，奥运会乒乓球比赛馆内比赛区域的空气流速控制在0.2～0.3米/秒之内，温度为20℃～25℃，或低于室外温度5℃（奥运会在夏季举行，比较炎热）。

（5）球台，乒乓球游戏是由两名或两对选手在一个长2.74米、宽1.525米、高76厘米的球台上进行，台子可用任何材料制成，常见的有木制球台和水泥球台，台面的厚度无具体规定，但应具有均匀、合适的弹性（测验弹性的方法是用标准乒乓球从台面上空30厘米处落下后弹起23厘米即为合适）。台子中间放置一个高度为15.25厘米的网子，台面四周应画上2厘米宽的白线。

球台的颜色不限，但台面应呈均匀的暗色，无光泽，一般多为墨绿色和海蓝色（目前大型比赛常选用海蓝色球台同红色地面、黄色乒乓球相配套）每张球台的比赛场地为宽8米，长16米。球台的上层表面叫比赛台面，应为与水平面平行的长方形；比赛台面不包括球台台面的侧面。比赛台面由一个与端线平行的垂直的球网划分为两个相等的台区，各台区的面积应是一个整体。双打时，各台区应由一条3毫米宽的白色中线，其将各台区分为两个相等的"半区"。中线与边线平行，并应视为左半区的一部分。

（6）球网装置，球网装置包括球网、悬网绳、网柱及将它们固定在球台上的夹钳部分。球网应悬挂在一根绳子上，绳子两端系在高15.25厘米的直立网柱上，网柱外缘距离边线外缘15.25厘米；整个球网的顶端距离比赛台面15.25厘米，底边应尽量贴近比赛台面，其两端应尽量贴近网柱。

3. 加强对体育场地、器材的管理、维护和保养

定期检查室内乒乓球台，要定期检查室内乒乓球部位，检查是否有松动的螺丝和铁锈等现象，如果有，应及时检修。使用室内乒乓球桌时，应提前检查，以避免潜在的安全隐患。一旦发现这些安全隐患，必须及时修复。定期清洗和消毒设备。室内场馆健身器材、乒乓球桌属于公共设施，很多人触摸它们，因此很容易使它们受到污染，因此有必要定期进行清洁和消毒。清洁时请使用软布和适量的清洁剂，必要时加入一些消毒剂，以便有效消毒和清洁这些健身器材。检查小部件，及时加油。室内健身器材、乒乓球桌一般都放在体育馆内，虽然不像户外那样被风吹日晒，但也容易生锈，需要上油，以保持其润滑，从而有效延长其

使用寿命。

（四）支持开展乒乓球课外活动

1. 开展形式多样的课外活动

课堂授课如果一成不变，只单纯地传授乒乓球理论知识或技能是极不明智的，这样会降低学生学习的效率。学生并不喜欢枯燥乏味的学习和机械性的训练，增设游戏活动能很好地解决这一难题。合理添加一些游戏不仅能吸引学生的注意，还可作为一种课前热身项目，对后续的专业技能训练起到事半功倍的效果。当然，教师有目的地添加一些游戏活动可以增强学生的凝聚力，明白集体的意义，达到传播体育竞技精神的目的。游戏的方式多种多样，可以是单人对抗赛、多人对抗赛、接球竞赛等等。

2. 组织开展裁判培训班和教学实践活动

乒乓球比赛的裁判工作与乒乓球运动的普及和提高有着密切的联系。大学生裁判能力的培养，以及大学生裁判员队伍的建设，对促进大学乒乓球运动的进一步普及和竞赛水平的提高有着重要的实际意义。了解乒乓球比赛的场地与器材要求，掌握乒乓球比赛主要规则，学会乒乓球比赛的裁判方法，激发大学生对乒乓球运动的兴趣，提高乒乓球竞赛的裁判水平。

《乒乓球竞赛规则》的核心内容包括"比赛规则"和"竞赛规程"两部分。"比赛规则"是就比赛而言，是对比赛的具体规定，所涉及的内容主要是技术性问题，在比赛过程中起作用；"竞赛规程"是就竞赛而言，是对竞赛的具体规定，其内容包括管辖职权、比赛管理、竞赛组织、抽签编排、比赛条件等各个方面，在整个竞赛活动中起作用。"比赛规则"和"竞赛规程"是一个不可分割的整体。裁判是乒乓球竞赛不可缺少的重要组成部分。裁判工作的好坏，直接影响着组织竞赛的质量和运动员技术水平的发挥。裁判人员是竞赛规则的执行者，比赛活动的管理者，比赛结果的判定者。裁判人员应热爱体育事业、热爱裁判工作，精通竞赛规则、熟悉裁判方法、履行裁判职责，做到严肃、认真、公正、准确。

3. 组织观看高水平赛事活动

观看专业的比赛能够培养和锻炼学生的战术思考和应变能力,目前大大小小的乒乓球赛事很多,选择有借鉴性的比赛,组织学生集体观看,在观看过程中,教师有意识地启发学生思考和讨论,让学生切身体会优秀选手们的训练方法、手段、技战术特点等,发现自身的薄弱环节和差距。教师自身应该更加关注各种不同规格的比赛,可以将精彩的、有教学意义的赛事介绍给学生。

第二章 高校乒乓球课程优化的理论指导

运动训练的科学基础是揭示运动员竞技能力变化规律的基本理论。当今,彰显人性、崇尚创新、宽容失败、遵循教育规律和竞技规律,从生物、心理、社会三个方位研究提高运动员的竞技能力,促进运动员的全面发展已是国际竞技发展的态势。20世纪末,国际上有研究表明:人的进化,绝不是单纯的生物进化,而是人的生物、心理和社会三种属性整体的进化。因此,运动训练学将生物学、心理学、社会学和教育学作为开发运动员生命潜能及其竞技能力的理论基础,是当今国际人本位竞技改革与发展的需要。

第一节 多元学科理论基础指导

高校乒乓球课程优化,是高校体育课程建设与发展的一个重要组成部分,也是有效途径之一。高校乒乓球课程优化并不是随意而为的,是需要坚实的理论基础作为铺垫,在保证其科学性和合理性的基础上进行的,因此,了解并掌握高校乒乓球课程优化的多元理论是至关重要的。本章主要对高校乒乓球课程优化的运动生理学、运动心理学、教育学、社会学以及哲学这几个方面的理论进行剖析和阐述。

一、运动生理学

运动训练的生物学是揭示运动员生理机能和运动能力变化规律的基本理论。它是开发运动员体能和技能的重要的理论依据。关于高校乒乓球课程优化,其有着坚实的运动生理学基础,因为,其必须与高校学生的生长发育规律、动作技能形成的规律以及身体机能适应规律相符,才有可能实现。

（一）运动生物学简述

运动生物学是揭示人通过合理的运动,使其形态结构、身体机能和运动素质发生变化规律的科学。它包括运动的解剖学、生理学、医学、生物化学和生物力学等。这些学科的建立,都为指导运动训练实践提供了重要的理论依据。可以肯定,生物学理论是提高运动成绩的重要依据,但并不是唯一依据。

受运动生物学影响,体育界也有人认识到,提高运动成绩绝不能仅靠挖掘人的生物潜能,但从生物学、心理学和社会学三个层次整体地研究运动训练过程还处于起步阶段。例如,为什么国内许多运动明星的运动成绩颇好,但其再就业的自我生存能力却欠佳？2003年,国内一位知名体育官员针对一名亚洲举重冠军因缺少生存能力而早逝的现象指出,这是因为过分地使用运动员的运动资源,而不重视其综合素质的提高所致。为此,近年国内有人提出要深入研究运动训练与生命、耗散结构、生物适应性等制约运动员成才的重要理论问题,以求将训练与育人有机地结合。

（二）运动训练与生命

运动训练与生命:从生命的活动分析,高水平的运动训练是以人的"类生命"进一步开发"种生命"的特定活动。从其意义上讲,运动训练也是以关爱运动员的生命为前提的教育过程。当前,关注青少年的"生命教育"已是社会的热门话题。有的学者说,"狭义的教育只关注如何传播知识,广义的教育关注着人的心灵。传授知识的教育只是小教育,关爱生命的教育才是大教育。"与此相应,运动训练也应该是关爱运动员的生命教育,这是对人性的尊重,从而拓展其"类生命",进而提高了自身的进化能力和生存能力。"类生命"越完善,就越有可能通过"类生命"充分挖掘"种生命"的潜能,反之则不然,这就是运动训练与人的生命的关系。

(三)运动训练与耗散结构

耗散结构是在远离稳态的条件下,能够稳定存在的、开放的、有序的系统结构。在这个系统中,熵的变化起决定作用。在一个系统中,熵越高,其有序程度越低,甚至达到消亡的状态;反之,熵越小,系统的有序程度越高。人体是一个高级而复杂的耗散结构,只有与外界环境不断地进行物质、能量和信息的交换,才能减少熵值,保持其有序状态;反之,就会导致机体无序,甚至受到破坏。例如,一次大负荷训练后,运动员产生了疲劳,通过调整后,训练反映良好,并通过几次比赛都能稳定地出成绩,这就是新的"适应"。

传统的运动训练偏重于探索人体与环境进行物质和能量的交换,却忽视人是一个能够进行物质、能量和信息交换的、开放的、高级而复杂的耗散结构。实践证明,人体这个高级的耗散结构,如果仅有物质和能量的交换,缺少信息的交换,是难以维持稳定和可持续发展的。

因此,作为一个教练员,在运动训练中,教练员在培养运动员的过程中,既要研究开发运动员的"种生命",又要结合运动,用文化开发他们的"类生命"。只有这样才能使运动员不断地完成"第二次生成",从而提高其生命能量的储备。当代学术界已认识到,"人的进化绝非是单纯的生物进化或社会进化。他是在社会发展的基础上,通过人的社会属性的改变,来使人的生物属性进化的特别方式延续下去。"这也进一步证实,是人类的文化的进化,促进了人的生物进化。

所以,现代运动生物学的发展,只有重视与心理学和社会学的有机结合,才能为促进运动员的全面提高提供科学的依据。

(四)高校乒乓球课程优化中青少年生长发育规律的体现

高校乒乓球课程优化的主要手段为学生的身体练习,以此来对学生的健康、体能进行锻炼和提升,从而对学生进行全面的培养。在优化高校乒乓球课程的过程中,要以最大限度挖掘高校乒乓球课程在促进学生生长发育、提高学生身体机能、增强学生体能等方面的有效性为主要目的。因此,在高校乒乓球课程优化过程中,要对高校学生的生长发育规律、有机体的机能特征以及不同年龄阶段学生的身体素质特点有充分的了解与认识。

通常,高校学生的生理特点对高校乒乓球课程优化所产生的影响是多方面的,主要表现为在分析体育教材内容、确定或创编体育教材内容这几个方面。这就要求在优化高校乒乓球课程过程中,一定要对高校学生的生理发展特点进行充分考量,使选择的乒乓球课程内容将其应有的作用充分发挥出来,为高校乒乓球课程教学目标的实现创造有利条件;针对学生的学习需要将高校乒乓球课程优化过程中存在的问题确定下来,从而将学生的课程教学起点确定下来;此外,高校乒乓球课程教学目标的制定、教学策略的选择以及教学过程的安排都要遵循青少年儿童的生理发展特点,设计出适宜的高校乒乓球课程教学目标、丰富多彩的教学内容和有效的教学策略。总之,在高校乒乓球课程优化过程中,一定要严格遵循学生生长发育的规律,重视各种规律对高校乒乓球课程优化的积极影响和制约。只有这样,才能设计出真正体现新体育课程理念、高效完成高校乒乓球课程优化目标和任务的教学方案。

(五)高校乒乓球课程优化过程中运动技能形成规律的体现

高校乒乓球课程优化的一个重要依据,就是人体生理机能活动能力变化规律,这在所有的体育教学实施环节合理安排体育课程结构的过程中都是非常重要的。总的来说,动作技能形成的规律为:运动过程中,人体的机能活动能力的变化是逐步进入工作状态的,逐步上升,达到一定的高度,最后逐步下降。

新课程的内容标准分为五个学习领域,即运动参与、运动技能、身体健康、心理健康和社会适应。其中,运动技能学习领域所体现出的通常是以身体练习为主的本质特征。因此,缺少了运动技能教学的高校乒乓球课程教学,其存在价值就没有了。

在包括高校乒乓球课程教学的所有体育教学中,运动技能教学都是处于重要的核心地位。在高校乒乓球课程教学优化过程中,运动技能的形成规律所产生的影响会在很多方面映射出来,比如,高校乒乓球课程教学目标的制定、教学策略的选择以及教学过程的组织和实施等方面。因此,这就要求必须严格地遵循运动技能的形成规律,从而将准确而适宜的知识、技能学习目标制定出来,进而将实用性好、针对性强的教学方法、手段设计出来,最终能够较好地实施和控制高校乒乓球课程教学过程。因此,高校乒乓球课程教学必须遵循运动技能的形成规律。

(六)高校乒乓球课程优化过程中身体机能适应规律的体现

人体是时刻处于外界环境中的,因此,如果外界环境发生变化,那么,人体机体内环境的相对平衡就会遭受破坏,体内的各种功能就需要重新进行调整,以维持机体内外环境的相对平衡,这就是所谓的生物适应过程。

在高校乒乓球课程优化过程中,学生身体机能适应规律就是指学生在经历系统的乒乓球课程教学和锻炼过程中,身体内部会逐渐产生一系列的生化和物理性变化,这种变化随着经历高校乒乓球课程教学活动的锻炼的时间迁移形成量的积累,身体机能的适应能力逐渐得到提升。

二、运动心理学

运动心理学,是关于运动员在运动训练和竞赛过程中,心理变化规律的基本理论。它是开发运动员心理能力,启发他们深刻理解做人和竞技真谛的重要理论依据。现代运动心理学研究的重心是如何提高运动成绩,但对认识、情感和意志的心理过程,即知、情、意的整体研究还有很大空间,而这一研究对于改善运动员的态度,提高其竞技水平尤为重要。

近年来首都体育学院刘淑慧教授十分重视对"心理教育"的研究,其途径是用大文化观、大体育观训练和教育运动员,以求达到"授技育人"的目的。因此,运动训练研究以下心理学的问题,加强对运动员"心理教育",对于开发他们的心理能力具有重要意义。

(一)认知—情感—行为链

过去,在运动训练和竞赛中人们十分重视运动技能与运动成绩的因果关系。但是,当今智体型的竞技体育十分重视研究认知、情感和行为三者之间的连锁关系,以求最大限度地挖掘人的竞技潜能。这实质是尊重人性,积极研究"人性化"竞技体育的表现。因为人性是情感和理性的统一。在现实的生活中,人的情感一旦被激发就可能创造奇迹;人的理性一旦被升华就能产生超常的思维。

认知是一个心理过程,包括感知、表象、想象、记忆、思维等。运动员认知水平的高低直接影响其情感与行为。首先,运动员对所从事的运动项目认识得越充分,就越能把握项目的特点和规律,因而就有可能产生良好的操作情感和操作行为。其次,当运动员能深刻地认识到运动项目对人生的价值,并对运动项目产生深厚的感情时,他们也会做出超常的行为。例如,乔丹二次复出不是为金钱,而是由于他认识到篮球对于他实现人生的价值有特殊的意义。

情感是人对外界刺激肯定或否定的心理反应。例如,爱、恨、悲、恐等都是一种特殊态度的体验。情感对于运动员的训练和参赛影响很大。因为来自环境变化的各种新异刺激,都会使其情感发生变化。优秀运动员在训练或竞赛中,不但能控制、引导情绪,而且还能沉着、积极地从挫折中迅速崛起,并且也能把注意力从情绪波动中尽快转到完成动作上。运动员的情绪包括积极的(增力的)和消极的(减力的)状态。在竞赛中,他们的情感若处于积极的增力状态,就能使行为表现得更出色,反之,则不然。此外,情感高涨也能激发运动员的灵感,促使他们在赛场上创造奇迹。因为运动员情感适度高涨,神经支配处于理想状态,可以有节奏地把身体各部位的积极性全部调动起来,从而产生超常的运动行为。

行为是受思想支配而表现出的外在活动,是认知和情感变化的产物。实践证明,没有思想和情感的行为,就不可能是高尚的行为。同理,缺少思想、情感和文化的运动员,也不可能在比赛过程中,表现出非凡的行为。因而,培养有思想和有情感的运动员是十分重要的。实践证明,运动员对所从事的运动项目认识得越深刻,投入的情感越多,其外在的运动行为表现就越丰富、越动人、越成功。尤其是难美类的运动项目,对此要求更高。但是,运动员被迫改变行为也会影响其情感,干扰他们的认知过程,以致影响其运动成绩。因而,我们在运动训练过程中,还要十分注重培养运动员抗干扰的能力。从总体上看,运动员的认知和情感是支配其行为的重要因素。

（二）运动过程的心理定向

运动过程的心理定向是人的心理准备状态和注意的指向。在运动训练或竞赛中,运动员的心理定向对其行为影响很大,事关成绩优劣。有研究表明,运动员在训练或比赛过程中要保持平常的心态,多想过程,少想结果;追求精品的过程,才有精品的结果。李富荣同志曾在悉尼奥运会总结报告中指出:"过程比结局更重要,体育不仅仅是输赢,更是精神、斗志、气势的较量。"

竞技场上,我强敌弱、敌强我弱、势均力敌三种情况时有发生。比赛对每位选手都是联系过去、现在和未来的过程。参赛者若在比赛中瞻前顾后,就会过早地内耗心理能量,从而影响比赛成绩;若在胜负的问题上想赢怕输的思想过多,就会把对比赛结局的期待变成包袱,从而束缚其手脚,以致品尝不应属于自己的苦果。所以,在训练或比赛过程中正确的心理定向应该是强化平常的心态,要以我为主、把握体能、技能发挥、多想过程、少想结果。实践证明,正确的心理定向对于克敌制胜确有实效,但是不同的心理定向产生的效果也不同。

（三）动机理论

学习者的动机有内部动机和外部动机两种类型。在学习中,无论内部动机,还是外部动机都非常重要。动机理论包含的理论有以下两个方面。

1. 强化理论

强化理论在体育教学中有着非常重要的应用。当然,在学习活动中的强化涉及外部和内部两个方面。显然,强化动机理论对引起学生学习行为的外部力量即外部刺激是过分重视的,而对于学习者的自觉性与主动性即内在需求是忽视甚至是持否定态度的,由此可以看出,这一动机理论仍然存在着较大的局限性,这也会对体育教学的发展产生一定影响。

2. 需要动机理论

从学生心理的角度来看,学生学习的主要目的就是自我实现,这是他们最主要的学习动机。而这一动机的实现,就需要之前的6个层次的需求都得到满足,这就对体育教学提出了非常高的要求,必须关心学生,爱护学生,尊重学生,创设平等民主的互动环境,让学生有一种安全感与归属感;同时,与老师以及同学们进行有效交往和互动,也会为他们学习提供充足的原动力。可以说,需要动机理论是体育教学的重要理论基础。

(四)多元智力理论

传统教育对学生智能的评价标准为学科考试分数的高低,这也是唯一标准;学校教育将训练和发展学生的言语和数理逻辑能力视为主要任务,却忽视了学生其他各方面的能力的训练和培养。其实,差异性只是体现在学生之间智能强项和弱项上。这就要求教师在体育教学过程中,在看待学生方面要从多元化的角度来进行,对学生有全面、立体的了解与认识,将学生的特殊潜力挖掘出来,并针对每个学生的特点来进行区别教学,给学生提供丰富多样且公平的学习机会,让每个学生都能充分发挥自己的智能强项,尽最大的可能弥补和覆盖智能弱项。

(五)心理学是高校乒乓球课程教学组成及优化运作研究的基础

首先,教育目标以及教学目标研究的都是在心理学基础上进行的。之前所提到过的布卢姆的教育目标分类学,美国心理学家加涅的学习结果分类,以及加德纳提出的多元智力理论都是属于心理学研究范畴的。其次,教学内容的研究要以心理学为基础。要具备良好的逻辑组织能力和心理组织能力,这样才能做好学习内容的组织工作,确定要选择的知识和技能,能够完成对学习者的教育与培养等的智力训练,因此,它们之间也有着密切的关系。

(六)高校乒乓球课程教学优化在非智力因素发展方面产生的重要作用

促进学生个体发展,是高校乒乓球课程教学与优化的重要职能之一,因此,体育教师必须也是首先要做到的,就是充分了解学生的身心发展及学习过程的本质。

人本主义心理学在体育教学改革中所发挥的指导作用不可忽视。高校乒乓球课程教学活动不仅产生丰富的情绪体验,使学生实现身体认知,还能对学生非智力因素的发展起到促进作用。智力因素与非智力因素的发展相结合,能够有效促进学生个体与能力的充分发展,这与人本主义体育教学改革的目的是相适应的。

三、运动教育学

运动训练的教育学是揭示"育人夺标"规律的基本理论。如果说运动训练的生物学、心理学和社会学分别是开发运动员竞技能力的科学基础,那么运动训练的教育学却是整合运动员的竞技能力的科学基础。实际上,培养运动员是一个十分复杂的过程,单一的训练过程是不能圆满地完成其使命的。因此,未来的训练理论与实践要逐步探索培养运动员的相对完整的过程,即竞技教育过程。竞技教育是遵循竞技规律和教育规律,既夺标、又育人的教育过程。

竞技教育与以往运动教育的主要区别是,它既重视运动项目文化传承,又重视运动员人格的修炼和竞技能力的整合。作为一个国家或一个民族,如果科技落后自然挨打,但若文化缺失,不打自垮。同样,一个运动队或一个运动员,如果没有文化支撑将会失去生机。

(一)运动项目的文化传承

运动项目的文化传承是将某一运动项目先进的人文思想、科学原理和操作技能整体地传授给运动员的教育过程。实践证明,当前运动训练水平的高低,并不完全取决于资源投入的多少,还取决于某些运动项目文化含量的高低。运动成绩是"筋骨",文化是"灵魂"。近年国内学术界根据国家优势项目和弱势项目的文化差距,提出要把运动项目的训练,改变为运动项目的教育。这些都是中国体育和竞技面向未来的重大改革。

(二)运动训练的人格修炼

运动训练中的人格修炼是培养运动员人文精神的教育,即做人的教育。它不是一个独立的过程,是渗透在运动训练和竞赛过程中的竞技教育。它是促进竞技向"人性化"的"道德竞技"转变的教育方式。人格的修炼与政治思想教育不同,它虽然不是高标准和功利的,但它是从学会做人的最低标准逐渐升级的。它追求的是基础的、长期的、稳定的、非功利的育人效应。这种教育方式比较适合青少年运动员。人格修炼的内容包括底线育人和情境陶冶两方面。

（三）运动训练"力"的整合

运动训练"力"的整合是提高运动员获得竞技能力的竞技教育方式。当前,科学的运动训练要遵循教育学和竞技学的规律,全面提高运动员获得竞技能力,以促进其全面发展。有的学者提出了"三力合一"的观点：竞技能力是由物力、心力和外力三者构成的运动能力。它是以生物学、心理学、社会学和教育学为理论依据,而形成的一种综合力。在运动训练和竞赛中,由物力、心力和外力结合而成的"三力合一"的竞技能力是一个系统。物力、心力和外力是运动训练学的生物学、心理学、社会学基础的具体的表现形式,是提高运动员竞技能力的重要理论依据。

总之,掌握运动训练学的科学基础,首先要了解它是关于提高运动员身、心、群素质规律的基本理论。其次,要认识到运动训练的生物学、心理学和社会学依据分别是开发运动员物力、心力和外力的科学基础;运动训练的教育学依据是整合运动员物力、心力和外力,提高身、心、群素质的科学基础。再次,通过全方位地开发运动员的物力、心力和外力,提高他们的身、心、群素质,这实质是在国内首次研究科学与人文融合的、工具理性与价值理性统一现代的竞技运动。这是抵制国际竞技异化,促进国际奥林匹克运动真正向"更干净、更人性、更团结"方向发展的需要。

（四）教学过程最优化

这里所说的"最优化"主要包含五个方面的因素：（1）遵循教学规律；（2）考虑教学条件；（3）比较各种教学方案；（4）随时监控和调整师生教学活动的进程；（5）在规定的时间内,争取获得最大可能发展的效果。[①] 这五个方面缺一不可。对教学过程是否最优化进行评价的参照标准有两条：一个是效果标准；一个是时间标准。

四、运动社会学

运动训练学的社会学是揭示运动员个体与群体的行为在运动训练过程中变化规律的基本理论。它是开发运动员竞技能力,提高其和谐

---

① 许文鑫.中学体育课堂有效互动的理论与实证研究[M].北京：科学出版社,2015.

第二章 高校乒乓球课程优化的理论指导

能力的重要的理论基础。

体育社会学是研究运动的个体与群体、个体与社会之间的关系及其行为变化规律的学科,它与竞技社会学是同一个概念。运动社会学提出的思想是:首先,用国际社会的眼光看中国的竞技。具体说,就是用奥运宗旨——"公共体育精神",即"公平竞争、团结育人、崇尚和平"的体育"类文明",指导运动训练与竞赛。其次,努力开发运动员的"类生命",有效激活其"种生命",从而使他们能释放出更多的生命能量,以此充分发挥人的"类"本质力量,从而促进国家竞技运动可持续发展。[①]

(一)改善群体结构,放大系统功能

社会学的"功能主义"认为社会每一个成员都对社会总体发挥作用。他的组织、协调与合作是维护社会系统有序和稳定的基础。其中,社会结构与社会功能是相互促进的。在运动训练中,由运动员个体、队友、教练、队医、科研人员和管理人员等构成的"运动群体"是一个小的社会系统。在这个系统中,其中任何一个要素都不可忽视。各要素的配合,首先要在提高训练效益——"育人目标"的前提下去优化组合;其次,各要素要改善关系,和谐相处,寻求协作与共赢,才能放大其系统的整体功能,才能使运动队产生合力,反之,可能会影响其稳定。过去,国内有些知名运动队的教练员和运动员,顾此失彼,内耗增加,分力加大,损失惨痛。这与我们缺少人本位的育人观和社会学知识有关。

(二)控制矛盾冲突,维护队伍秩序

社会学的"冲突论"认为,"人们因有限的资源、权力和声望而发生的斗争是永恒的社会现象,也是社会变迁的主要源泉。"这就是说,矛盾与冲突是促进个体与社会发展的动力。但是,人们能够把矛盾与冲突控制在"秩序"的范围内,这就是文明社会的表现。否则,矛盾与冲突失控,社会与个人都将会遭到损失。这就需要我们利用法制对组织和个人的权力进行限制,又要用德治开发组织和个人的潜能。因此,作为高水平的教练员能否用社会学的观点把运动队的矛盾和冲突控制在秩序内,这是一个关键环节。这就需要教练员要具备较高的素质,要用和

[①] 杨桦,李宗浩,池建.运动训练学导论[M].北京:北京体育大学出版社,2007.

谐社会的思想,尊重人的个性;要在个体需求的"多样性中"找统一性;要在个体行为的"差异性"中找共性;处理利益问题要力求"双赢"或"多赢"。

(三)尊重人性,加强群体互动

教育或管理的"互动论"是从微观上研究社会小群体如何通过交往和互动而产生协作力。其特点有三,一是个人行动的自由度受社会约束,但控制群体互动的力量不完全在社会,也与个体的思想和激情有直接关系;二是强调人总是处在创造和改变生活的过程中求生存和发展,并着力探索小群体行为的动机、目标及其思维方式;三是人际交往,不仅要重视人的行为,更要注重人的思想和情感,即人性。这是从根本上研究人的行为方式,促进个体社会化的理论,也是尊重人性的表现。过去,人们偏重于研究运动训练过程中简单的教与学的关系,忽视了在其过程中,对人的个性、创造性、思想性和自由度的研究,以致部分运动队的人际关系僵化,甚至解体。上个世纪末,国内几支世界水平的运动队不是"队伍解体",就是"成绩滑坡"以及2005年国内个别足球师徒反目,球霸的争端,还有2006年师徒"财产纠纷"的风波,这些都是运动队内部成员缺少思想、情感的交流,以及社会规则意识即法制意识所致。

要想使群体中每个个体改变或变得更好,先改变他生活的群体是最佳方法,群体动力论也并非只有优势的,其也存在着一定的局限性,比如,其偏重强调群体内部个人之间的心理关系,但是却将其他关系忽视了。从某种意义上来说,群众动力学理论也是体育教学的理论支撑。在体育教学过程中,群体动力学就是一种影响团体过程,促进群体效能发挥的途径。

五、哲学层面

在体育教学过程中应用马克思主义的交往实践观进行审视,可以发现,体育教学活动已经成为多主体的师生、生生之间通过建构共同的客体文本而进行的互动和交往的过程。从某种意义上来说,体育教学过程实际上就是师生、生生之间的交往实践过程。

第二章　高校乒乓球课程优化的理论指导

（一）主体间性理论

主体间性理论研究的中心课题——意识所具有的特殊构造功能。这个构造功能就是指：一个主体的意识如何从自身出发通过移情和共情的方法超越自我构造出另一个主体。

当前，主体间性理论在体育教学中的必要性越来越显著，教师与学生之间关系的增进，所借助的途径不仅仅是体育教学内容，这两者之间的连接和互通方式还有很多，比如，体育与健康知识、运动技能、思维、情感、意志、价值观等方面，师生之间可以进行双向甚至多向交流、互动，并共同建构。

（二）交往行为理论

交往行为理论将行为划分为目的性行为、规范调节行为、戏剧式行为和交往行为，确定交往行为的概念，提出交往的交互主体性及主体间性。明确体育教学中教师与学生、学生与学生间的关系是具有交互主体性的交往、互动行为。将主体间平等对话、相互尊重、民主合作、相互理解等思想充分体现了出来，这与现今体育教学师生、学生之间的互动中的精神不谋而合。

（三）交往实践理论

人类的交往与生产劳动紧密地联系在一起。人类与动物的最大区别就是是否从事生产劳动。人类社会交往中所包含的交往，可以从两个层面进行理解，一个是物质层面，一个是精神层面，从根本上来说，这里所说的精神交往实际上是物质交往的产物。交往实践是社会发展和历史演进的核心动力和基础，是社会中个体成长的必不可少的前提。

第二节　现代体育教育理念的依据

教师在长期的教学实践中通过理性思考和认真总结而产生的教学

思想观念就是教育理念,它存在于所有学科的教学工作中,体育学科下的乒乓球教学自然也不例外。教学新理念在乒乓球教学过程中起到积极的引导作用,其有利于明显提高乒乓球的教学效果。而陈旧或偏激的体育教学理念则会对高校体育教学事业的发展形成阻碍,并严重影响其正常的发展进程。在我国深入改革体育教学的过程中,乒乓球运动教学的发展取得了显著成效,这同时也要求教学管理者和体育教师要以现代化乒乓球教学的实际情况为依据,充分借鉴先进的教学思想,总结与思考针对乒乓球教学的新教学理念,从而适应体育教学深入改革的要求。下面重点阐析乒乓球运动的几种新教学理念。

一、目前体育教学及乒乓球教学中存在的主要教学理念

在乒乓球教育中,科学合理的教育理念可以为乒乓球教学工作的开展指明正确的方向,提高乒乓球教学效果,使越来越多的人参与到乒乓球运动中来。而陈旧的、呆板的教育理念则会对乒乓球教育事业的发展产生阻碍作用。因此,创新乒乓球教育理念,是乒乓球教学和训练创新发展的必然要求。

由于乒乓球运动在我国有着良好的群众基础,加之我国教育改革的不断深化,乒乓球运动教学可以说发展迅速。这也对教学管理者与体育教师提出了依据现代乒乓球教学实际,借鉴吸收先进的教育理念,积极探索适应于当前体育教学改革发展的乒乓球教育新理念的要求。本研究认为,目前新型的乒乓球教育理念主要包括健康教育理念、快乐教育理念、合作教育理念、成功教育理念、创新教育理念5类,它们对乒乓球教学活动的发展有着积极的指导作用。

(一)成功体育教学理念

当前,社会越来越重视人才各项素质的全面发展,对人才素质提出了越来越高的要求。为了适应社会发展的需要,有关学者总结了一套成功体育教学理念,在这一理念指导下教育学生,能够促进学生社会适应力的增强,实现全面化发展。乒乓球教学中贯彻这一新理念能够促进学生的全面发展。

在乒乓球教学中,成功教育理念是种创新性的教学观念突破,是摆脱传统体育教学思想束缚的尝试,尤其是在新课程改革发展的背景下,

建立新理念。成功教育理念实施的对象是所有师生,运用这一理念提高学生学习的积极性。

作为冲破传统体育教学思想束缚的重要突破口,成功教学理念的建立是进行乒乓球教学改革的创新性尝试。尤其是在新课程改革与发展的环境中,通过新理念的建立与贯彻来实现由"应试教育"向"素质教育"的转变是非常有必要的。全体师生是成功教学理念面向的主要对象。

(二)快乐体育教学理念

快乐教育理念是指在乒乓球教学中深度挖掘乒乓球运动中的快乐,使学生切实感受到乐趣,从而激发学生参与乒乓球运动的积极性,是乒乓球教育理念创新的一个重要方面。快乐教育理念从情感着手,"寓教于乐"是快乐教育理念的本质特点。

在乒乓球教学中落实快乐教育理念,首先,要充分发挥学生的主体地位。乒乓球教学要给学生充足的自主选择、锻炼、评价空间,调动学生学习热情。其次,合理安排乒乓球课程内容。可采取"软式化"法或组合法使枯燥乏味的基本技术动作教学变得更为有趣。"软式化"法是指将复杂的动作分解为简单的动作,组合法是指将单一的动作进行组合处理。还可以播放视频给学生观看,教师在旁边讲解,使学生在轻松的教学环境中掌握动作技术。再次,培养学生的乒乓球技术战术意识。例如,传授学生怎样对乒乓球的飞行轨迹做出正确判断的同时,还要让学生仔细观察分析各种球的飞行路线。最后,创新教学方法与考核评价方式。教师可采用多媒体演示法、挂图法等生动形象的方式使抽象的知识具体化,提高学生的求知欲望。采用多样化的考核方式,注重学习过程和学习效果的评价。

教师在组织乒乓球教学活动的过程中,要深入开发与挖掘乒乓球运动的快乐元素,从而使学生在学习乒乓球的过程中获得快乐与享受,这就是快乐教学理念。现代体育教学中,快乐教学是一个非常重要的教学理念。贯彻快乐教学的指导思想与理念,就要以情感为着眼点,以"寓教于乐"为根本,使学生在参与乒乓球运动的过程中热爱乒乓球运动,从中体验乐趣,并将乒乓球运动作为自己终身体育的重要内容之一,从而长期地坚持乒乓球锻炼,这是快乐体育理念的根本目的。在乒乓球教学过程中贯彻快乐教学理念需从以下三方面着手。

（1）使学生通过参与乒乓球运动增强体质，并从中感受快乐，这是快乐教育的基础。

（2）使学生通过参与乒乓球竞赛而获取刺激与兴奋，体验成功的乐趣，进而提高其对乒乓球运动的参与积极性，这是快乐体育的心理体验。

（3）使学生在参与乒乓球活动的过程中学会尊重与理解对手，进而体会到团结合作的快乐，并从竞争与协作中感受快乐，这是快乐体育的社会体验。

（三）健康第一教学理念

我国党和政府提倡学校教育要树立"健康第一"的指导思想，要在学校体育中全面承担起增强学生体质，促进学生健康的职责。学校积极响应号召，在体育教学中确立了"健康第一"的指导思想。促进学生的健康是学校体育教学的根本目标，也是最终目标。学校开展体育教学，必须以提高学生的健康水平为前提。

学校教育的目的是为了实现学生德智体美劳的全面协调发展，而排在第一位的就是身心健康素质。1999年，党中央和国务院就提出了"学校教育要树立健康第一的指导思想"，为学生参加体育运动提供时间和场所。当前我国社会在快速发展的同时，社会压力也越来越大，这就更需要每位社会成员有良好的身体素质去迎接挑战。增强学生体质、促进学生健康，是学校体育工作开展的基本依据和担负的重要任务，教师对学生健康的积极意义要有充分认识。

乒乓球运动是学生喜闻乐见的一项体育运动项目，也应确立"健康第一"的教育理念。在设置乒乓球教学课程结构的时候，不仅要有乒乓球的基础知识、技能，行为、情感等内容，还要融入生理、心理、运动、安全、营养及其他相关学科的知识，积极引导学生养成自觉参加身体锻炼的好习惯，为学生的健康发展提供保障。

21世纪的今天，社会的可持续发展是建立在青少年健康体质基础上的。所以，在学校体育教学活动中，教师要对学生的健康给予高度的重视。乒乓球作为体育教学的重要内容之一，自然也要树立"健康第一"的教学理念。这就要求教师在对乒乓球教学的课程结构进行设置时，不仅要将乒乓球的基础知识、技能、情感及行为等因素综合融入其中，而且还要融入生理、心理、营养、运动、安全等相关学科的知识，从而深

第二章 高校乒乓球课程优化的理论指导

入培养学生的健康意识,对学生自觉锻炼的习惯养成进行引导,最终达到促进学生健康发展的目标。

(四)终身体育教学理念

终身体育作为一种新思想,是随着体育本身的功能、社会经济发展及人们生活观念的变化而产生的。所谓终身体育,是指一个人终身进行体育锻炼和接受体育指导及教育。[①]学校作为体育思想传播的主战场,必须将终身体育教学理念贯彻于整个体育教育事业的全过程之中,从小就开始培养学生的身体锻炼习惯,学习正确的体育锻炼知识和方法,为其终身体育思想的形成打下坚实的基础。

"终身体育"是个集合概念,它具有长期性、阶段性和稳定性,不能简单地称某一时间段的体育为终身体育,而只能称它为终身体育的某个阶段。在学校体育中讲终身体育,就是要使学校体育放眼未来,就是要使受教育者有意识、有能力、主动地进行自我体育锻炼。

高校体育作为学校体育的最高层次和最后阶段,具有与社会体育衔接的特点。在大学体育教学中确立"终身体育"的指导思想,就是要求体育教师要注重培养大学生的体育意识,增强其体育能力,从而实现大学体育教学目标,以及为"终身体育"打好扎实的基础。

(五)创新教学理念

现代社会各方各面都开始向着多元化的方向与趋势发展,随着社会的不断发展与进步,如果没有进步的表现就是一种退步。因此,在乒乓球教学过程中,要对创新教学这一新理念进行深入的研究与贯彻,这也是推动乒乓球教学发展的重要手段。目前,世界各国越来越关注和重视创新教育理念,创新型人才是社会发展的重要人力资源。在乒乓球教学中贯彻创新教育理念,可以保证乒乓球教学思想、方式、手段走在时代的前沿。创新教育理念强调大力培养学生的创新精神和创造性,提高学生的创新能力,促进学生个体性和创造性的发挥。

贯彻这一理念,可以使乒乓球教学走在时代教育的前沿。当前,世界各国都十分重视在学校教学中贯彻创新教育的理念,在这一理念的

[①] 邓世忠,刘志云.高等学校体育教育改革应以终身体育教育为主[J].武汉体育学院学报,1999.

指导下来对创新型人才这一重要的人力资源进行开发。创新教学理念重点突出了对学生创造性与创新能力进行培养的特点,因此在乒乓球运动教学中贯彻这一理念需要以培养学生的创造性为主,并鼓励学生将自身的个性与创造精神充分发挥出来。

(六)合作教学理念

传统的教学方式比较单一,忽视了师生间的人际关系,合作教育理念的提出可以有效解决这一问题。合作教育理念主张构建和谐平等的师生关系,改革传统的师生关系,目的是充实传统教育理论的不足,营造更恰当的、更好的新型师生关系,是社会发展与科技进步的必然产物,有利于促进乒乓球教学的开展。

在乒乓球教学过程中,合作教育理念要求教师充分发挥主导作用,以学生为教学的主体和中心,教师的主导作用和学生的主体作用相辅相成。教师要充分尊重学生的尊严、人格与价值,发扬学生的个性,激发学生的潜能,引导学生主动参与乒乓球训练,而非强制性的命令。合作教育理念提倡建立民主、平等、和谐的课堂环境,以达到良好的教学效果。合作教育理念的应用主要体现在合理分组,制定合理的合作教学目标,设计科学的教学情境,培养学生的合作意识,建立有效的信息反馈机制等方面。

二、当前高校乒乓球教学理念存在的问题分析

(一)基本教学理念的融入程度不够,欠缺科学性

当前,虽然可供乒乓球教学借鉴的教学理念有很多,诸如上面提到的成功体育教学理念、快乐体育教学理念、健康第一教学理念等,但是这些教学理念与乒乓球教学的融合程度不够,实际操作情况不够理想。这种情况应该引起高校乒乓球教师的高度重视。在今后的乒乓球教学中,应充分激发和调动学生学习乒乓球的积极性,尽快地提高乒乓球技战术水平,尽可能地激发学生的创新意识和能力,将以上基本的教学理念融入高校乒乓球教学实践中,并形成创新型的教育教学理念,这样才能有效提高乒乓球教学的质量和水平。

（二）乒乓球教学理念的创新不够

总体来看,当前完全适合乒乓球教学的教学理念并不是很多,大多数都是借鉴其他学科的教学理念,也就是欠缺教学理念的创新,这在一定程度上制约着高校乒乓球教学的发展。鉴于此,各高校应该加强乒乓球教师的培养和培训,提升乒乓球教师的教学水平,加强教师与学生之间的沟通与交流,在实践中摸索出适合我国高校乒乓球教学的创新教学理念。

（三）各高校乒乓球教学理念的发展存在着较大差异,欠缺沟通与交流

由于各高校之间在各方面都存在着较大的不同,因此其乒乓球教学的理念也存在着一定的差异,在此情形下,各高校应该加强彼此间的沟通和交流,相互借鉴,取长补短,获得共同发展。

第三节　乒乓球课程优化的基本原则

乒乓球教学原则是乒乓球教学过程客观规律的反映,是长期乒乓球教学实践中成功经验的总结和概括,对乒乓球教学工作具有普遍指导意义。

一、直观与思维相结合的原则

在教学过程中合理运用直观法,有助于学生迅速正确地建立动作概念,领会动作方法,掌握动作技术。常用的直观方式有动作示范、挂图、照片、模型、幻灯、录像、电影,以及生动形象的语言等。在运用直观法教学时,要注意启发诱导学生积极思维,想练结合,加深对动作技术的理解,防止表皮的观察和单纯的模仿。

体育教学中,学生模仿体育教师的示范动作,从而实现体育项目的

参与。这就要求在体育教学中,教师应该在讲解与示范的过程中更加突出示范,以保证体育教学的直观性,特别是对于模仿能力较强的中小学生而言,更应该如此。在遵循直观性教学原则时,要注意示范动作的准确、示范面的合理选择等方面。

二、循序渐进与突出重点相结合的原则

技术教学、战术教学和身体练习,应按照"学习—巩固—提高,再学习—再巩固—再提高"的程序进行。教学内容、教学进度、运动负荷、练习方法的安排,要由易到难,由简到繁,由浅入深,由低到高,符合学习掌握知识、技术和技能的渐进规律。贯彻循序渐进原则的同时,应注意突出重点。在教学的不同时期和不同阶段,切实抓住主要矛盾,重点突破,推动全局。

循序渐进原则是根据人的认识事物的规律、动作技能形成的规律、人体机能适应性和生理机能活动能力变化规律提出的。因此,在安排体育教学内容和组织教法时,应遵从由简到繁、由易到难的原则。在安排每个项目、每次课、每学期的教学内容和教法时,都应前后衔接,逐步提高。安排课的内容与教法时,不仅考虑课与课之间互相影响,还要考虑动作技能的迁移和身体素质的迁移,以及技能与素质之间的相互影响。应先做好准备活动,练习的速度、力量和幅度等一定要由慢到快,由小到大。当动作技术尚未掌握时,一般不要进行下一个动作的练习。

三、统一安排与区别对待相结合的原则

体育教学应该根据现有的体育教学条件,采用多样的教学方法,争取最大限度地实现体育教学目标。从实际出发,要求体育教师在体育教学过程中充分分析学生、体育教学条件、体育教学目标等教学要素,在此基础上发挥自己的主观能动性,科学安排教学内容、设计教学组织形式。

四、自觉性和积极性的原则

体育教学以学生的切身参与区别于其他课程。在体育教学过程中

应该遵循自觉性和积极性原则,通过教学环节的科学设计吸引学生参与到体育活动过程中来,充分调动其体育参与的自觉性和积极性,这是保证体育教学目标能够实现的前提条件之一。

贯彻自觉积极性原则首先要重视抓好思想教育工作,使学生明确学习目的,端正学习态度,自觉勤学苦练,勇于克服困难,形成生动活泼的学习局面。在教学中,要注意教学组织、练习形式的多样性,让学生明确教学安排和练习内容的目的、要求,善于激发学生的兴趣,提高学习的主动性。教师要用自己积极工作的精神风貌去感染学生,用自己的实际行动和教学效果去换取学生的信赖,这对于提高学生的自觉性和积极性具有重要意义。

五、身心全面发展及安全性原则

身心全面发展原则是以体育教学目的为依据派生出来的体育教学原则。具体要求为:首先,体育教学既要发展学生的体能,也要通过体育活动发展学生的智商和情商。其次,身体教育作为体育教学的主要特点,决定了体育教学必须全面发展学生各项身体素质而不应该顾此失彼。按照这一要求,体育教师在教学内容的选择方面要充分考虑学生各项身体素质的协调、全面发展。

安全性原则是指在体育教学中要使学生安全地从事活动的同时,对学生进行安全地活动的教育。由于进行身体活动时不可避免地存在安全隐患,因此合理进行活动是避免安全事故的前提。体育教师必须认真设想可预测的全部危险因素,在预测的基础上加以预防和消除。同时,要对学生进行安全运动的教育,建立运动安全的相关制度和提供必要的安全设施。

第三章 高校乒乓球课程教学目标的设置与优化

体育课程教学目标是整个教学活动的重要组成部分,它通过具体的教学活动来促使和影响学生发生各种变化。在确立学校体育教学目标时,需要做好充分的调查,结合具体的教学实际和学校发展情况确立切实可行的教学目标。

第一节 体育教学目标概述

任何一种活动都是有目的和针对性的行为。目标是确保在特定方向上有效实施该活动,体育教学自然是一样的。由于体育教学涉及面广,同时又受到时代思想的影响,因此,体育目标的制定一直是体育研究的关键问题,引起了广泛的关注。体育教学目标实际上是人们对体育活动的期望,是体育活动效果的体现。但是,体育活动的功能和人们对体育活动效果的期望不仅可以视为体育教学目标,只有保证两者完美结合,才能保证体育教学目标的顺利实现。

一、体育教学目标的相关概念

体育是随着社会的不断进步而衍生出的一门学科,也是一个多功能和多指向性的学科。受社会环境的影响,体育教学目标的内容也日趋庞杂,难以进行科学的总结和制定。研究体育教学目标的概念有助于在教学的过程中科学地制定体育教学目标,以保证体育教学的顺利实施。

研究体育教学目标的概念,首先应该清楚目标和教学目标的概念,这样有助于人们了解和掌握体育教学目标。

(一)目标

目标是指在一定时期内某种活动的预期程度和效果。目标通常是定向的、分层的、可操作的和具有挑战性的一个体系或多系统。在活动开始之前,为其设定目标不仅可以激发参与者的热情,而且可以使参与者明确活动的方向。

(二)教学目标

从本质上来说,教学本身是一个实践过程,师生在这一实践活动中的目标是教学目标。《教育大词典》对教学目标的解释是"教学目标是学生期望在教学中达到的学习效果和水平",为教学活动提供了方向。

(三)体育教学的目标及其相关的概念

从体育教学的研究来看,体育教学目标与体育教学任务和体育教学目的之间有着不可分割的联系,具体如下。

1. 体育教学的目的

所谓体育教学目的,实际上是指体育活动的"目的"是什么,学校进行体育教育要达到什么效果。因此,体育教育的目的可以定义为:人们希望通过建立体育学科和实施体育教育来实现的目标和成果。从体育目的的定义可以看出,体育教学目的贯穿于整个体育教学活动,是教学活动的指导思想,指引着体育发展的过程和方向。

第三章　高校乒乓球课程教学目标的设置与优化

2.体育教学的任务

所谓任务,是指为确保成功完成某项期望而分配给某类工作和职责的工作,即上级向下属分配的工作。体育教学的任务实际上是体育教师在教学过程中必须做的工作。可以看出,体育教育的任务是服务于体育教育的目的,是体育教学的中间环节。

3.体育教学的目标

体育教学的目标是通过对体育教学任务和体育目的的分析、归纳和总结,以制订出较为完整的教学工作计划。这是在教学过程中教师努力的方向和预期的教学成果。体育目标强调教学目的和教学任务的阶段性,教学过程中每个阶段的任务和预期效果以及最终效果。

体育教学目标、教学任务、教学目的三者之间相互关联、相互依托。

第一,各个阶段的体育教学目标的综合就是最终的体育教学目标。体育教学是一个复杂的内容,所以体育教学目标也相对复杂,因此,需要将体育教学目标按照教学的阶段进行分解,保证体育教学目标有效实施。

第二,前面已经对体育教学目标的概念进行了简单的梳理,明确体育教学目标是体育教学活动预期取得的效果,由此可以看出,体育教学目标是达到体育教学目的的标志。

第三,体育教学任务是保证体育教学目标实现的根本途径,也是体育教学目标和目的而应该做的实际工作。

(四)体育教学目标的概念

本研究将体育教学目标的概念总结为:体育教学目标是根据当前社会对学生的要求、学生的特点和国家的教学方针制定的。为了保证教学目标有效落实,可以将其分为阶段性成果和最终成果。阶段性成果是体育教师为了保证体育教学的有效性,根据体育教学总目标制定的阶段目标;阶段任务完成的成果就是体育教学的目标。

体育教育的最终目标是发展学生的体育能力,指向终身体育。这也是各学段体育教育的核心问题。因此,各阶段都要发展学生的体育能力,但由于在不同的时期,学生有最佳发展期,所以,各阶段在目标的具体内容上有侧重、有突破、有提高、有发展。

二、体育教学目标的分类

就像许多学科一样,体育教学目标也有固定的体系和科学的分类。多年以来,体育工作者一直在努力解决"体育教学目标空泛"的问题。这个问题的实质是体育目标没有科学的划分,这就不可能确保体育教学过程中体育教学目标的实现。

(一)知识目标

知识目标贯穿于体育教学的全过程,是体育教学的基础。它包括健康知识、体育目标的概念和原理以及体育教学规律的学习要求,例如,了解和理解体育锻炼对身体的影响以及对体育教学对学生心理健康的影响,了解在现在的教育活动中和社会活动中体育处在什么位置。在了解这些教学目标的情况下,教师就可以在一定程度上有意识地向学生讲授一些基本的体育知识,使学生能够全面认识体育教学,激发学生对体育学习的兴趣。

(二)体能目标

学生的体能目标主要体现在身体健康领域,该目标旨在提高学生的身体素质,使其适应当今社会对学生的运动需求。例如,通过各种田径运动,提高学生的跑步速度;通过跳绳、跳高等运动,提高学生的有氧耐力;通过篮球和橄榄球等各种球类运动,提高学生的反应速度和敏捷性。身体锻炼目标可以使教师加深对体能锻炼的理解,并有针对性地为学生制订体能锻炼计划。

(三)技能目标

技能目标主要集中在对学生进行体育教学过程中的某项活动的操作方法和技巧的领域,提出对学生学习和掌握某项活动的操作技能和方法。如在篮球课程的学习中,培养学生在打篮球过程中对战术的掌握和运用能力;在体操或是舞蹈的学习过程中,学会舞蹈的动作要领;在学习田径运动时掌握几个主要的田径运动技能和方法等。技能目标明确了学生的学习领域和学习内容,提高了教学的针对性。

(四)情意目标

情意目标在体育教学目标的各个领域都有分布,主要来说,集中体现在学生的心理健康和适应性方面。它们是与学生的社会发展的心理健康有关的价值观、道德情感、心理素质、精神素质、社会价值等方面的目标。例如,在参加某种体育活动的过程中,学生的交流能力得到了提高;在一些竞赛项目活动中,学生的心理素质得到了增强。在体育教学过程中,情感目标非常容易被忽视,所以,划分情感目标有助于在教学过程中加强教师对学生心理健康教育的重视。

由以上内容可以看出,体育教学目标的划分可以使体育教师在教学过程中阐明自己的思想,从而使人们对实现各种目标的方法和教学特点有更清晰的认识,同时,它也减轻了教学中的困难,更容易为学生接受。例如,在教学过程中,一个教学内容被划分为知识目标,我们就可以选择与教学目标密切相关的内容,也很清楚在教授学生相关知识时应该采用哪种教学方法。这意味着,将安排什么样的教学环境来帮助学生掌握相关的教学内容,并且需要多长时间来确保实现这一目标。因此,可以说,体育教学目标的划分有助于体育教师弄清体育教学目标的性质和特点,有利于体育教学目标的确立和教学方法的选择。

第二节　高校乒乓球课程教学目标特征与功能的呈现

一、体育教学目标的特点

第一,体育教学目标是教与学双方合作实现的共同目标,对体育教师而言是教授目标,对学生来说是学习目标;但是,体育教学目标表现为体育教师教学活动所引起的学生终结行为的变化,即着眼于教而落脚于学。

第二，体育教学目标是体育教学活动的预期结果。这一预期结果在体育教学的实践活动之前就已经存在。布鲁姆认为，有效的教学始于老师知道他们希望实现的目标。也就是说，在教学活动之前，可以预见的是，体育活动可能会促使学生发生什么样的变化，如掌握体育的知识、技能、方法以及身心发展有什么质变。预期目标是否科学、具体、明确，对于体育教学活动的效果会产生直接的影响，是人们对体育活动成果的主观期望。

第三，体育教学目标是通过体育教学活动可以达到的结果。相对于学校体育目标和体育课程目标而言，体育教学目标符合学校、班级、学生以及体育教师的实际与特点。

第四，从横向来看，比较不同的学习方面，将会有不同的体育教学目标，它们之间相互独立并且相互对应。从纵向上讲，体育教学目标由学年（学期）教学目标、单元教学目标和课时教学目标组成。目标是截然不同的，有级别划分，并且不断递增。下层目标是上层目标的具体化，上层目标可以在下层目标实现的基础上最终实现。于是，体育目标呈现出一个相互交叉、相互联系的有机整体。

第五，体育教学目标最终要落实到师生具体的体育教学活动中，因此，只有在目标中详细说明学生在什么条件下，应该做什么，做到什么程度，才能为体育教学活动的具体操作提供导向，也才能为体育教学评价提供可测量标准。

换句话来说，体育教学目标必须是具体的和可行的，体育教学目标是可以预测的。体育教师的教和学生的学的结果，以通过一定的方法与手段进行测量和客观评价，才具有应用的价值。

第六，体育教学目标应综合各方面因素来制定，比如，根据确切的教学内容、具体的教学条件、学生的学习特点、课时分配等。这就要求教师要详细了解学校、班级和课时等条件，并根据实际教学内容进行教学目标的编制。体育课程教学目标应该有一定程度的灵活性，以便学生可以灵活地掌握它。灵活的教学目标对于学生发展来说有非常重要的作用，对其的编制要适应学生的身心特征，使他们通过实现教学目标获得相应的身心发展。

二、体育教学目标的功能

分析体育教学目标的功能有助于人们了解和掌握体育教学目标，为体育教学目标的制定提供科学依据。体育教学目标有以下几个方面的功能。

（一）激励功能

体育教学目标集中体现了体育教学目的和活动价值的呈现程度，是学校在体育活动过程中应达到的一种目的和效果。建立体育目标可以激发学生对体育的兴趣，目标的功能和效果可以增强体育教师的教学积极性，鼓励教师科学地开展体育教学工作，确保教学目标的实现。就社会发展来说，体育教学可以培养出满足时代需要的接班人，这个目标激发了学生、老师和教学研究人员对体育教学的极大重视。

（二）定向功能

体育教学目标实际上就是体育教学所要达到的一种方向，指导着教学活动按照一定的方向进行；体育教学目标反映体育教学的目的，体育教学的目的是体育教学所要达到的效果。如学校开展体能训练课程的目的就是增强学生的体能，促进学生的身心健康，使其适应社会的发展需要，因此，体育教师在进行教学的时候，会朝这个方向进行。所以，体育教学目标对于体育教学而言，具有定向的功能。

（三）评价功能

每一个学科的教学过程都需要设立具体的教学目标，这不仅能够激励和引导教师教学和学生学习，而且可以作为评价教学所取得成果的标准。例如，学校乒乓球课程的基本目标是让学生学习与乒乓球相关的技能和知识，这也是教师在教学过程中努力的方向。如果体育教师完成了这一教学目标，那么就可以说这个体育教师已经取得了相应的教学成果，是一名合格的体育教师。如果无法达到该教学目标，则说明教师尚未完成教学任务。可见，体育教学目标在一定程度上是具有评价功能的。

(四)规范功能

与其他学科相比,体育运动相对来说更加复杂,新课程标准的要求使体育教学实践更加困难。这使得一些教师在体育发展过程中无法确保体育教学的科学性,最终对学生发展和成长造成不良影响。体育教育的目标是教师在教学过程中的参考,它规范了教师在教学过程中的行为和教学内容,使体育课可以按照科学的方法进行,从而能够达到提高教学质量的效果。

三、体育教学目标的功能呈现

教学目标是教学活动的出发点和最终归宿,它在以下教学活动中得到呈现。

(一)教学目标设计可以提供分析教材和设计教学活动的依据

教师一方面根据教学目的确定课时教学目标,另一方面又根据这些教学目标设计教学活动和实施教学。可以说,教学目标不仅制约着教学系统设计的方向,也决定着教学的具体步骤、方法和组织形式,有利于保证教师对教学活动全过程的自觉控制。

(二)教学目标描述的行为表现,能为教学评价提供科学依据

教学大纲提出的教学目的与任务以及课程标准提出的领域目标和水平目标相对抽象,教师无法把握客观、具体的评价标准,使教学评价的随意性很大。用全面、具体和可测量的教学目标作为编制测验题的依据,可以保证测验的效度、信度及试题的难度和区分度,使教学评价有科学的依据。

(三)教学目标可以激发学习者的学习动机

要激发学习者的认识内驱力,自我提高内驱力和附属内驱力,必须让学习者了解预期的学习成果,他们才能明确其性质,进行目标清晰的活动,对自己的行为结果作成就归因,并最终取得自我提高和获得赞许的喜悦。

（四）教学目标可以帮助教师评鉴和修正教学的过程

根据控制论原理,教学过程必须依靠反馈进行自动控制。有了明确的教学目标,教师就可以此为标准,在教学过程中成功运用提问、讨论、交流、测验和评改作业等各种反馈方法。

第三节　高校乒乓球课程教学目标的编制

一、新课标对体育教学目标制定的要求

新课标肯定了体育教学在学生成长过程中的重要作用,对体育教学目标提出了详细的要求,保证了体育教学的科学性和有效性。新课标的体育教学注重学生的身体健康和对心理素质的培养,为体育教师制定体育目标提供了依据和参考。根据对新课标改革下的体育教学的研究,拟将体育教学目标的制定要求总结如下。

（一）"增强体质"

新课标将"增强体质"作为体育教学的指导思想。有关部门对当今学生的体质健康监测情况表明:我国学生的体质呈逐渐下降的趋势。经研究表明,造成学生体质下降的原因主要有以下几种。

（1）学生的体育锻炼不足,锻炼的时间和强度均不够。

（2）生活方式和学习方式的变化以及业余生活的丰富,导致学生的运动时间逐渐减少,再加上当今饮食习惯的变化,导致学生的热量摄入过多,身体健康趋势明显下降。

（3）社会节奏的加快和升学压力的不断加大,导致学生精神高度紧张,睡眠不足,使学生的免疫力下降,最终影响学生的身体健康。

因此,学校应该针对这些原因,制定针对性较强的体育教学目标,达到增强学生体质的目的。

（二）注重对学生"三基"的培养

"三基"实际上是指教学的基础知识、基本技能和基本技术，是所有学科教学具有的共性目标。由于体育教学内容涉及范围较广，所以体育教学在"三基"目标上的确立和完成相对于其他学科而言，表现得较为不成熟，教师在制定教学目标的时候，对体育教学思想的认识也存在问题。第一，其他学科中所讲述的"三基"是根据学科内容之间的内在联系来确定的，但是体育教师在此内容的确定上却没有明确的规定。第二，体育教学的实践性和复杂性，使得体育教师在制定目标的时候，忽视"三基"目标。第三，体育的终身化是体育教学的思想之一，但是受社会发展和人们观念的影响，这一目标尚未被人们所接受。为了保证体育教学能够按照社会的需求进行，教师在制定体育教学目标的时候，要注意对"三基"目标的确定。

（三）全面发展

新课标的体育课程标准中要求体育教学必须保证学生全面发展。所谓的全面发展，就是体育教学不仅是教授学生体育技能、知识，强化学生的身体素质、坚定学生的意志，同时还要保证对学生的心理健康的教育和社会适应能力的培养。可以说，全面发展涵盖了德、智、体、美的各个方面。因此，体育教师在制定"培养学生全面发展目标"的时候，就会出现很多的问题，如在目标的制定过程中对全面发展思想的层次化、体系化考虑得不够深入。因此，体育教师在进行教学目标制定的过程中，应该秉承着全面发展的思想，对教学过程中的相关因素进行分析和调查，最终确保目标确立的准确性。

（四）注重对学生兴趣的培养

新课标中提出了"快乐教育"的主张，所谓的"快乐教育"，就是从培养学生的学习兴趣入手，让学生在进行体育学习、技能掌握以及技术创新的过程中，培养对体育活动的兴趣，从而激发学生在体育教学过程中的自主性，坚定学生的意志。部分教师在制定"快乐体育"这一教学目标时，将其异化为随意性的教学，对学生缺乏科学的管理，对学生过度放纵使得学生缺乏集体感，对学生过度赞美使得学生缺乏正确的自我认知。快乐教育强调的是培养学生的兴趣，使学生在轻松愉快的环境中学习体育的相关知识，潜移默化地促进教学目标的落实。因此，体

第三章　高校乒乓球课程教学目标的设置与优化

育教师在制定教学目标的同时,要正确理解"快乐教育"的思想,并将其纳入体育教学的目标之中。

二、制定体育教学目标时常遇到的问题

体育教学目标是体育教学中的重要内容,也是体育教学工作者进行体育教学研究时的必备课题。但是体育教学是一门较为复杂的学科,无论是体育课程专家在制定上位教学目标时,还是体育教师在设计体育教学目标时都出现了一系列的问题。

(一)体育课程专家在制定上位教学目标时所遇到的问题

多年来,体育教学目标制定过程中的一个突出问题就是"上位教学目标不明确、不具体",这个问题实际上就是课程的内容梳理和课程的编排上存在的问题,如果体育课程专家在进行体育教学目标的制定时没有对学科内知识、技能之间的联系进行分析和研究,那么这一问题就难以解决。而且上位目标制定得不具体、不明确,直接对下位目标和体育总目标的制定造成了干扰,不利于增强体育教学目标制定的规范性,将对体育教学造成非常不利的影响。

(二)体育教师在制定课时目标时存在的问题

从目前一些体育教师制定的体育课时教学目标中可以看出,无论是对本节课教学目标内容的表述还是对技能的描述,都存在目标行为意图不明显的问题。这些问题使得教师在日常教学中的行为指导不明确,对教学过程的知识和技能的管理以及教学效果的评价都缺乏可操作性。

目前从一些体育教师的课堂教案中可以看出,一线体育教师在制定课时教学目标时存在的问题如下。

(1)没有对课程的内容和各方面的因素进行分析和研究,而是直接移植一些课程文件的目标。

(2)凭借自己对本节体育课程的揣摩,制定出较为随意的课程目标。

(3)在教学的过程中,不按照制定的教学目标进行教学,使教学目标形同虚设,教学行为较为混乱。

（三）体育教师在制定单元教学目标时存在的问题

单元教学目标是由课时教学目标组成的，单元教学目标强调的是一种或是一类体育活动的完整性。制定科学的单元教学目标，能够帮助教师厘清体育教学的思路，保证单元教学有条不紊地进行。但是目前一线体育教师对单元教学目标的制定存在问题，主要表现如下。

（1）体育教师在制定单元教学目标的时候，没有对本单元的课程进行理解和掌握，只是从单元的课程标题上确定单元教学目标，导致教学目标较为空洞。

（2）体育教师在制定单元教学目标的时候，由于缺乏专业素养，未能保证知识和技能的全面性。

（四）体育教师在制定学年教学目标时存在的问题

学年教学目标体现了教师在本学年的工作任务和所要达到的目的，是教师教学工作的指导。从当前体育教学中学年教学目标的内容以及完成的情况来看，学年教学目标的制定存在以下几个方面的问题：

（1）目标脱离教学的实际。体育学年教学目标由于涉及的内容较多、较为繁杂，出现了教学目标脱离实际的现象，这主要是因为体育教师对学年的教学内容理解不深入造成的。

（2）目标缺乏操作性。体育是一门对实践性要求较为严格的学科，同时在教学的过程中需要各种器械或是现代科技的帮助，才能保证教学目标的实现。但是有些体育教学目标中涉及一些学校没有的设备，导致教学目标没有可操作性，这是由于体育教师对教学过程中相关因素了解不全面而造成的。

体育教学目标的制定难免会出现一些不够完善的地方，如有些教师在制定教学目标的时候无法转变到"以学生为主体"的观念，在教学目标的制定上忽略对学生特点的分析；有的教师在制定教学目标时没有进行全面的分析和考量，导致教学目标的片面性。但是，在新课标的理念下，要真正领悟体育课程的意义，对体育课程进行全面的分析，踏实地走好体育目标制定时的每一步；同时紧紧抓住"终身教学"这一体育教学目标的宗旨，全面培养学生的体育知识和体育技能，这样才能实现"以人为本"的体育教学宗旨，提高体育教学的质量。

随着时代的不断发展，改革和创新为体育教学带来了更多的机遇和挑战。当前我国正处于教学的改革和创新期，在体育教学目标制定的过程中难免遇到一些问题。但是,只要我们不断地总结经验,对体育教学内容进行深刻的了解,对体育教学中的相关因素进行认真的研究,就能走出制定体育教学目标的困惑,保证体育教学目标的科学性,促进体育教学质量的提高。

因此,制定乒乓球课程目标时要正确处理和设计每次课、每个教学单元的教学目标。教学单元和每节体育课是体育教学的最基本单位。体育教学目标的实现就是通过每一节体育课和每一个教学单元完成的,因此,在设计体育课时一定要弄清楚它在整个教学单元中的作用,围绕体育教学目标的实现认真设计每一次体育课。设计体育课时必须考虑一下因素:(1)学习需要分析;(2)学习内容分析;(3)学习目标的阐明;(4)学习者分析;(5)学习策略制定;(6)教学媒体的选择和利用;(7)教学设计成果评价。

三、高校乒乓球课程教学目标的编制

确定乒乓球课程教学目标,要考虑不同学生的实际情况,要对不同水平的学生提出不同的教学目标,体现教学目标的层次性。本节将乒乓球课程教学目标划分为基本目标和发展目标两个层次,基本目标是面向大多数学生提出的目标,发展目标是在实现基本目标的基础面向乒乓球技能水平较高、有特长优势的学生提出的较高层次的目标。不管是基本目标还是发展目标,在不同的目标领域有不同的表现,下面具体分析乒乓球课程教学在认知、身心健康、运动参与、运动技能以及社会适应五个领域的目标内容。

(一)高校乒乓球课程教学的基本目标的编制

1. 认知领域的基本目标

认知领域的教学目标有 7 个级别,如图 3-1 所示。在乒乓球课程教学中面向多数学生提出的认知领域基本目标处于较低级别。

大多数学生在乒乓球课程教学中要达到以下认知目标。

(1)使大学生认识与理解乒乓球基本理论知识。

(2)使大学生了解乒乓球运动的新知识与文化内涵。

2. 身心健康领域的基本目标

（1）身体健康目标

第一，作息规律，生活方式健康，行为习惯良好。

第二，使大学生能够进行健康自评。

（2）心理健康目标

第一，使大学生在乒乓球学练中体会到乐趣，心理得到放松。

第二，使大学生通过乒乓球学练调整心理状态，合理宣泄情绪，学习与生活态度更加乐观、积极。

第三，使大学生具有坚持不懈和克服困难的精神。

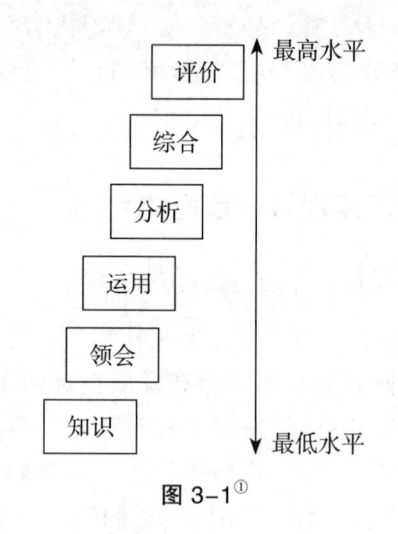

```
评价        ↑ 最高水平
 综合
  分析
   运用
    领会
     知识   ↓ 最低水平
```

图 3-1[①]

3. 运动参与领域的基本目标

（1）提高大学生的乒乓球认知水平，提高大学生在乒乓球学习中的积极主动性。

（2）使大学生形成良好的乒乓球锻炼意识与行为习惯，提高其参与乒乓球活动的自觉积极性，并使其能够从自身情况出发制订适合自己的锻炼计划。

（3）使大学生了解乒乓球运动的比赛规则，并能在乒乓球比赛中基本完成裁判工作。

---

① 李启迪，邵伟德. 体育教学基本理论研究 [M]. 北京：北京师范大学出版社，2014.

第三章　高校乒乓球课程教学目标的设置与优化

4.运动技能领域的基本目标

运动技能领域的教学目标包含6个级别,如图3-2所示。

在乒乓球课程教学中面向多数学生提出的运动技能领域基本目标处于中低级别,体现在以下几方面。

(1)提高大学生的基本运动能力和乒乓球的一般与专项素质。

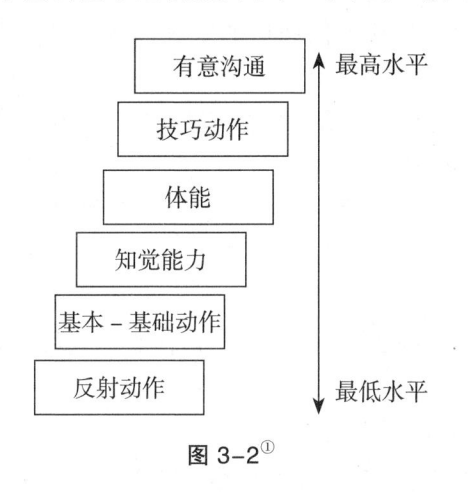

```
         ┌──────────┐  ↑ 最高水平
         │ 有意沟通 │
       ┌─┴──────────┤
       │  技巧动作  │
     ┌─┴────────────┤
     │    体能      │
   ┌─┴──────────────┤
   │   知觉能力     │
 ┌─┴────────────────┤
 │  基本-基础动作   │
┌┴──────────────────┤
│    反射动作       │  ↓ 最低水平
└───────────────────┘
```

图 3-2[①]

(2)使大学生对乒乓球基本技术和身体素质锻炼与提升方法有初步的掌握。

(3)使大学生了解在乒乓球运动中哪些运动损伤比较容易发生的,并熟悉常见损伤的处理方式。

5.社会适应领域的基本目标

(1)使大学生善于沟通交流,与同学保持友好关系。

(2)培养大学生的合作与竞争精神,使其学会对合作与竞争的关系进行正确处理。

(二)高校乒乓球课程教学的发展目标的编制

1.认知领域的发展目标

(1)提高大学生对乒乓球理论知识的认知水平,并能利用已学知识来提高自己的运动能力,将理论运用到实践中。

---

① 李启迪,邵伟德.体育教学基本理论研究[M].北京:北京师范大学出版社,2014.

（2）使大学生对乒乓球运动的新动态、新政策予以掌握。

2. 身心健康领域的发展目标

（1）身体健康目标

第一，生活方式积极、健康。

第二，使大学生能够根据环境的变化进行适应性锻炼，全面提升身体素质。

第三，了解营养膳食指南，饮食健康。

（2）心理健康目标

第一，使大学生在乒乓球学习与练习中得到美好的体验与享受。

第二，使大学生自觉利用乒乓球运动能调整心态，展现出青年人的朝气蓬勃。

第三，使大学生的意志更加坚强，自信心得到提升。

3. 运动参与领域的发展目标

（1）使大学生树立并形成自主锻炼的意识与习惯，积极参加校内外形式多样的乒乓球活动，并在不断的实践中提高乒乓球审美能力。

（2）使大学生能够根据自身实际情况独立完成对乒乓球训练计划的设计。

（3）使大学生对乒乓球比赛规则更加熟悉，并能在高水平乒乓球运动比赛中根据已掌握的乒乓球比赛规则独立完成裁判工作，提升大学生的裁判能力和比赛欣赏能力。

4. 运动技能领域的发展目标

（1）使大学生的乒乓球基本运动能力、专项运动能力得到提高，同时拥有良好的技术能力来参加比赛。

（2）使大学生对乒乓球技术原理、战术原理予以掌握，促进其技战术水平的提升及在比赛中技战术运用能力的提升。

（3）使大学生对乒乓球运动中常见运动损伤的发生机理予以掌握，并能正确判断损伤类型、紧急处理运动损伤。

5. 社会适应领域的发展目标

（1）使大学生在乒乓球活动中主动结识朋友、帮助他人，提高社交能力。

（2）使大学生在乒乓球比赛中将合作与竞争关系处理好，拥有良好的体育道德，展现出自己的体育精神。

第四节　高校乒乓球课程教学目标优化的策略

随着体育教学的不断改革和深入发展，学生训练制度在不断变化，人才培训正在从专业型向复合型转变，培训目标不仅必须满足当前的社会发展所需，还必须综合考虑学生自身的发展特点。本节从以下几个方面提出优化建议，以供大学教职员工参考。

一、在制定课程目标时，高校可根据自身条件有所倾向，形成特色乒乓球课程

由于人才培训计划、教育倾向和办学条件的限制，很难按照"标准"和"大纲"对学生进行乒乓球课程的培训。因此，高校在制定课程目标时应基于现有条件，有倾向、有针对性地制定。考虑到各高校课程目标的差异，我们提出了乒乓球课程的优化措施。

高校在培养学生乒乓球技能时，应重视对于乒乓球理论知识的教学，将乒乓球知识有效融入课堂教学中，充分发挥指导作用，不仅传授给学生乒乓球理论方面的知识，以便学生知道自己在做什么，为什么要运动，还必须让他们了解乒乓球比赛的规则，并熟悉整个流程的。在此基础上，同时将体育健身的基本方法和技能添加到课堂上，以鼓励学生掌握科学的体育锻炼方法，在此期间，他们可以对体育文化有一定的认识，并以此提升自身的体育文化欣赏能力。

对于偏向于使学生享受体育参与乐趣的高校，在教授乒乓球基本技术时，可适当放宽技术要求，注重学生的体育参与，使学生通过乒乓球运动放松身心，养成积极乐观的心态，同时，注重发挥体育在促进心

理健康方面的作用,培养学生心理调控能力,改善心理状态。乒乓球作为一种普及性较高,其运动负荷可大可小,这一体育运动项目在调节自我情绪、改善心理状态方面具有极高的积极作用,学生通过学习能较为轻松地体验到成功的乐趣及参与的喜悦。

此外,高校还可以利用乒乓球课程的教学来增强学生体质。随着科技的发展和社会的进步,学生的很多活动都依靠科技手段来代替,逐渐失去了动手能力,身体锻炼也变少,这在一定程度上导致了学生体质变差。一直以来,学生体质的强弱一直是学校、社会和国家关注的重点,增强学生体质,单纯依靠传授乒乓球基本技术显然是不够的,所以,在传授乒乓球基本技术时,教师还应该将体能发展方面有关知识和方法的传授加入课程目标中,使学生掌握体能测试的一般方法,并能根据自身不足科学地进行体育锻炼,拥有健康的体魄、良好的行为习惯以及健康的生活方式。[①]

二、以乒乓球课程为起点,引导学生养成体育锻炼习惯及终身体育意识的形成

兴趣、习惯的养成需要以一定的时间为基础。由于大三、大四不开设体育必修课,仅依靠大一、大二一周一节的体育课程安排强制性地使学生参与到体育中来是远远不够的。因此,如何在乒乓球课程中,通过学生短暂的体育参与,有效地帮助学生养成体育锻炼的习惯,形成终身体育意识是十分关键和必要的。

教育部明确规定学生在毕业前必须掌握一到两项运动技能。因此,在课堂中首先要使学生熟练地掌握乒乓球技术,有一项技能傍身,为学生以后的体育参与打下基础,使学生能够亲身参与到体育活动中,而不是沦为看客。其次,在课堂当中要加强学生的情感体验,使学生能够通过学习乒乓球感受到体育参与的快乐,能够主动参与到乒乓球运动当中去。

然后,帮助学生掌握一些基本的科学锻炼知识及方法,使学生能够在进入社会之后,在没有教师指导的情况下,也能够正确地进行体育锻炼。最后,美国课程理论专家拉尔夫·泰勒认为在教学过程中使学生

[①] 杨昊迪. 河南省普通高校乒乓球选修课程优化研究 [D]. 开封:河南大学,2019.

第三章　高校乒乓球课程教学目标的设置与优化

获得成就感,有利于增加其学习的自信心及决心。因此,在乒乓球课程学习结束后,应明确指出学生通过自身努力取得了哪些成就,进步程度如何,发生了哪些改变,从而增加学生体育锻炼的决心。通过乒乓球课程的学习,使学生习得运动技能、体验情感变化、掌握科学知识以及获得成就感,从而使学生最终能够养成体育锻炼的习惯并形成终身体育意识。①

通过各高校公共体育乒乓球课程目标的调查分析,得出各高校在制定课程目标时有所倾向地保留自身特色,但最终都不约而同地驻足于以乒乓球促进学生体智能的发展并形成终身体育意识。由此,可见高校公共体育课程,要有意识地摆脱传统教学观念束缚,然而具体方法仍在探索之中,还未形成科学系统的理论,还有待于我们继续研究。

---

① 杨昊迪.河南省普通高校乒乓球选修课程优化研究[D].开封:河南大学,2019.

第四章 高校乒乓球课程教学内容的选择与优化

高校乒乓球课程的优化与完善,涉及课程的方方面面,其中,教学内容是非常重要的一个组成部分。对于高校乒乓球课程来说,教学内容的完善程度以及科学、合理程度,都会影响到其整体的发展与优化效果,因此,深入分析和研究高校乒乓球课程内容,并对这方面的资源进行进一步的挖掘,使其更加完善和优化,是非常重要且必要的。本章主要对高校乒乓球课程教学内容的呈现、选择、组织与实施,以及乒乓球课程教学内容优化的策略进行分析和研究。

第一节 高校乒乓球课程教学内容的呈现

一、乒乓球运动的产生与发展

(一)乒乓球运动的产生

乒乓球运动的起源与网球有着密切的关系,网球英文是 Tennis,

而乒乓球则称作 Table Tennis，即桌上网球。可见网球是乒乓球运动的前身。

乒乓球运动于 19 世纪末起源于英国，流行于欧洲。英国人捷拉德·N.卡尼在一篇名为《乒乓球的起源和用具》的文章中认为：英国的气候促使了乒乓球的诞生。英国处于偶然天气多发的腹地，气候多变。下雨天，学生们就借用室外打球的拍子，在室内的空地上置好球网——两个箱子和一根绳子，或是在两把椅子的椅背上系上一根绳子，绳子上挂上报纸，用以代替球网，以此作为即兴游戏的地方。后来人们又在室内餐桌上，用书或两把高背椅子挂上一根绳子当作球网，采用软木或橡胶做成球，用羔皮纸贴成的长柄椭圆形空心球拍在桌上将球打来打去。这种游戏最初叫作"弗利姆 – 弗拉姆"（Flim-Flam），又称为"高西玛"（Gossima）。最初使用的球是小胶皮球，在一个有限的场内相互对打，球经常飞出界外，还容易碰坏装饰品和吊灯，也曾一度使用过软木球，但由于弹性不好，没过多久就被淘汰了。

自从英国的退役越野跑运动员詹姆斯·吉布（James Gibb）从美国带回了作为玩具的赛璐珞球后，这种小而轻的球就以其弹性好的优势代替了软木球和橡胶球。由于当时普遍使用羔皮纸球拍击球，球击到台面时发出"乒"的声音，球击到拍子时发出"乓"的声音，所以模拟其声音又叫"乒乓"（Ping Pang）。乒乓球最初是一种宫廷式游戏，是贵族间的一种娱乐活动，当时打球的人都身着晚礼服和长裙，而且还有专门捡球的佣人。后来这种活动逐渐流入民间。

（二）乒乓球运动的发展

1．世界乒乓球运动的发展

乒乓球从游戏到竞技体育项目，经历了以下几个重要的发展阶段。

（1）第一阶段（1926—1951 年）：欧洲国家主导世界乒坛

1926—1951 年，乒乓球运动在欧洲发展较快，参赛队主要来自欧洲各国。这一时期欧洲选手在世界乒坛占有绝对优势。

这一时期的主要打法是削球，其指导思想是尽量自己少失误，让对方失误。由于比赛没有时间限制，所以多次出现"马拉松"式的乒乓球比赛。如第 10 届，奥地利与罗马尼亚的男子团体决赛竟打了三天之久（实耗 31 个小时）；波兰的欧立克与罗马尼亚的巴奈斯，为争夺 1 分

第四章 高校乒乓球课程教学内容的选择与优化

球竟用了2.5个小时。第11届世乒赛后国际乒联对比赛规则进行了修改,球台增长,球网降低,球改为硬球,规定比赛时间(一场三局两胜的单打,不得超过1小时,五局三胜的比赛不得超过1小时45分钟),禁止用手指旋转球的那卡尔式发球。规则的改变和器材的变革有力地促进了乒乓球技术的发展,减少了比赛时间,开辟了新技术、新打法的道路,不仅削攻结合的打法开始发展起来,还出现了一些以攻为主的选手。

(2)第二阶段(1951—1959年):日本队震动世界乒坛

日本乒协早在1928年就加入了国际乒联,1952年首次参加世乒赛一举夺得女团、男单、男双和女双4项冠军。虽然日本队只有三男两女五名运动员参加,他们手握海绵球拍,采用直拍全攻型打法,却连续击败了许多欧洲削球名将,使世界乒坛大为震动。这一时期共举行了7届世乒赛(第19—25届),产生了49个冠军,日本队夺走24个。从此,世界乒乓球技术的优势开始由欧洲的削球转到了亚洲的攻球。

(3)第三阶段(1959—1969年):中国队崛起,东亚雄踞乒坛

20世纪50年代末,正当日本队的长抽打法处于巅峰状态时,中国运动员容国团以快攻打法获得第25届世乒赛男子单打冠军,为中国夺得了有史以来的第一个世界冠军。

20世纪60年代共举行了5届世乒赛,中国队仅参加了3届(第26、27、28届),共获得21个冠军中的11个。具有"快、准、狠、变"独特风格的中国近台快攻打法,把世界乒乓球运动推向了一个新的发展阶段。

第29、30届世乒赛,中国队没有参加,冠军大部分都被日本队所夺,朝鲜队也参加了冠军的争夺。在第29届世乒赛上,朝鲜男队连续打败欧洲强队,夺得团体亚军,女队也成为世界强队之一。

(4)第四阶段(1969—1991年):欧洲复兴,中国队重整旗鼓

20世纪进入70年代,世界乒乓球技术的发展突飞猛进。欧洲选手经过了近20年的努力,他们兼取了中国快攻和日本弧圈球打法的优点,创造了弧圈球结合快攻和快攻结合弧圈球两种新打法,从而走上了复兴之路。

在第31届世乒赛上,欧洲涌现了一大批有实力的年轻选手。19岁的瑞典选手本格森连续战胜了中国队和日本队的强手,一举夺得男单冠军。在第32届世乒赛上,瑞典男队打破了亚洲保持20年之久的团体冠军纪录。在第33届世乒赛上,男单决赛是在欧洲选手之间进行的。

中国队在第33届和第34届上重新夺回男、女团体冠军。在第35届世乒赛上,匈牙利队夺回了失去27年的斯韦思林杯,而南斯拉夫男队在25年后重新夺得男双冠军。

1981年,中国队在第36届世乒赛上囊括了7项冠军及5个单项亚军,创造了世界乒坛有史以来由一个国家包揽全部冠军的纪录。此后的三届世乒赛,中国队均取得6项冠军。"中国打世界"的局面开始形成。

自乒乓球项目从1988年进入奥运会以来,欧洲乒坛职业化迅速发展,加上大批前中国选手的加入,极大地促进欧洲乒乓球技术的发展。在1989年的第40届世乒赛上,中国队进入低谷,男队不仅丢了团体冠军,连男单和男双的桂冠也被别国所夺。在第41、42届世乒赛上,欧洲运动员连续获得了男子团体和男子单打的冠军。中国女队痛失第41届团体冠军,第42届女子单打只有一人进入半决赛,这是中国女队14年来第一次在单打比赛中未能进入决赛。"世界打中国"成绩卓著,欧洲队领先5～6年。

（5）第五阶段(1991—2014年)：中国队走出低谷,再创辉煌

在1995年的第43届世乒赛上,中国队再次囊括了7项冠军,又一次从低谷中奋起,重攀世界高峰。在第44、45届世乒赛上,中国队都夺得6项冠军,在第26、27届奥运会上,中国队连续两次获得"大满贯"。在21世纪开始的第46届(2001年)世乒赛上,中国队再一次囊括7项冠军,再创世纪辉煌。在第47届世乒赛上,中国队夺得6项冠军。在2004年第28届奥运会上,中国队获得了女子单打、男子双打、女子双打3项冠军。在第48、49届世乒赛上,中国队又获得"大满贯"。在第29、30届奥运会上,中国队又连续两次获得"大满贯"。在第50届世乒赛上,中国队夺得6项冠军。在第51届世乒赛上,中国队再获"大满贯"。在第52届世乒赛上,中国队夺得6项冠军。

从20世纪末开始,国际乒联对乒乓球运动进行了一系列的改革。2000年10月,乒乓球由直径38毫米、重量25克,改为直径40毫米、重量27克;2001年9月,乒乓球比赛由每局21分改为11分制;2002年9月,乒乓球比赛执行无遮挡发球的规定。

2. 我国乒乓球运动的发展

（1）新中国成立前的乒乓球运动

我国乒乓球运动是在1916年开展起来的,早期只在上海、北京、天

第四章 高校乒乓球课程教学内容的选择与优化

津、广州几个大城市的教会开展。1918年,上海率先成立全市的乒乓球联合会和其他一些组织,不少球队纷纷建立,并于1923年首次举办了比赛。同一年,全国乒乓球联合会在上海诞生,中国乒乓球运动从此得到了初步的发展。

(2)新中国成立后的乒乓球运动

新中国成立后,在党和人民政府的关怀下,我国的乒乓球运动得到迅速的普及和提高。从中国乒乓球队第一次参加世界乒乓球锦标赛至今,我国乒乓球运动的发展基本上可分为以下五个时期:起步阶段(1953—1957年);腾飞阶段(1959—1965年);重整旗鼓(1971—1979年);再创辉煌(1981—1987年);新程(1988年至今)。

1995年,第43届世界乒乓球锦标赛在天津举行,在这次世界乒乓球锦标赛上,中国队囊括所有的冠军。

1996年,第27届奥运会上中国队首次在这项全世界最重大的赛事中夺得全部乒乓球赛的金牌。而在第44届、45届中世界乒乓球锦标赛,中国队都取得6项冠军的好成绩。

2000年,第27届奥运会上中国队第二次囊括全部乒乓球金牌,为中国队在20世纪的小球时代画上了圆满的句号。

2001年,第46届世界乒乓球锦标赛上中国队第三次实现全项冠军的大包揽。

2003年,第47届世界乒乓球锦标赛的单项赛上,中国队获得4个冠军(仅失男单冠军)。

2008年,第29届北京奥运会上,我国的男女运动员均取得佳绩,又一次实现金牌大包揽。

2012年,伦敦奥运会,中国乒乓球队再度包揽全部四金,历史上第四次囊括金牌。

2016年,中国乒乓球队在里约奥运会中顽强拼搏、奋勇争先,取得了4枚金牌和2枚银牌的优异成绩,圆满完成参赛任务。

截至2019年11月10日,中国乒乓球队116人成为世界冠军,共获得240枚金牌,其中奥运会金牌28枚,包括6个团体冠军,22个单项冠军;世乒赛金牌145枚,包括42个团体冠军,103个单项冠军;世界杯金牌67枚,包括21个团体冠军,46个单项冠军(含1个女双冠军)。

3. 中国大学生乒乓球运动的发展

乒乓球运动有着巨大的生命力,深受广大群众和青少年的喜爱。在发展体育运动、增强人民体质的方针推动下,乒乓球运动得到了迅速普及,在有条件的各大、中、小学都相继开展起来,如清华、北大早在20世纪五六十年代就向学生开设了乒乓球课,并组织了各校之间的友谊比赛。第一次全国大学生乒乓球比赛于1982年在清华大学举行,当时共有10多个省市派出代表队参加了七个项目的比赛。第二次全国大学生乒乓球比赛于1988年在南京举行,1990年,中国大学生乒乓球协会在上海华东化工学院成立,同时举行了1990年全国大学生乒乓球锦标赛,并召开了全国高校乒乓球专项学术研讨会。1992年在西安冶金建筑学院举行了全国大学生乒乓球比赛,共有30多所高等院校参加了七个项目的比赛。中国大学生乒乓球协会是在中国大学生体育协会领导下的一个单项运动协会,其宗旨是联络和团结全国各高等学校乒乓球运动队、乒乓球协会、体育教师、教练员和裁判员,以增进友谊,加强协作,促进院校之间乒乓球运动的开展,广泛交流,切磋球艺,提高乒乓球理论、教学、训练、竞赛与运动技能、战术水平,攀登世界乒乓球运动的高峰。大学生乒乓球协会的基本任务是:认真贯彻执行党的教育方针,联络全国大学生乒乓球运动队、乒乓球协会和乒乓球爱好者,团结协作,互相学习,积极工作,以多种形式有计划地组织乒乓球教练员、裁判员共同研讨和提高乒乓球技术、战术理论和业务水平。[1]中国大学生乒乓球队于1991年成立,训练基地设在上海,参加了全国和世界大学生比赛并取得优秀成绩。许多有条件的学校都开设乒乓球教学课,乒乓球运动极为普及并深受大学生的喜爱,乒乓球运动正以它本身特有的优势激发了广大大学生的兴趣。

二、乒乓球场地器材

(一)球台

端线:球台两端长152.5厘米,边宽2厘米的白线称为端线。

边线:球台两侧长274厘米,边宽2厘米的白线称为边线。

---

[1] 吴健.体育锻炼与欣赏——乒乓球[M].郑州:郑州大学出版社,2006.

中线：台面正中与边线平行的3毫米宽的白线称为中线。

左、右半台：中线将球台分为两个半台，又称1/2台。左、右方位是对击球者本身而言。

1/3台或2/3台：以右手为例，击球范围占球台的1/3或2/3，左侧为左1/3台或左2/3台，右侧为右1/3台或右2/3台。

全台：击球时不限落点，击球范围占整个球台。

球台的基本术语及基本情况如图4-1、图4-2所示。

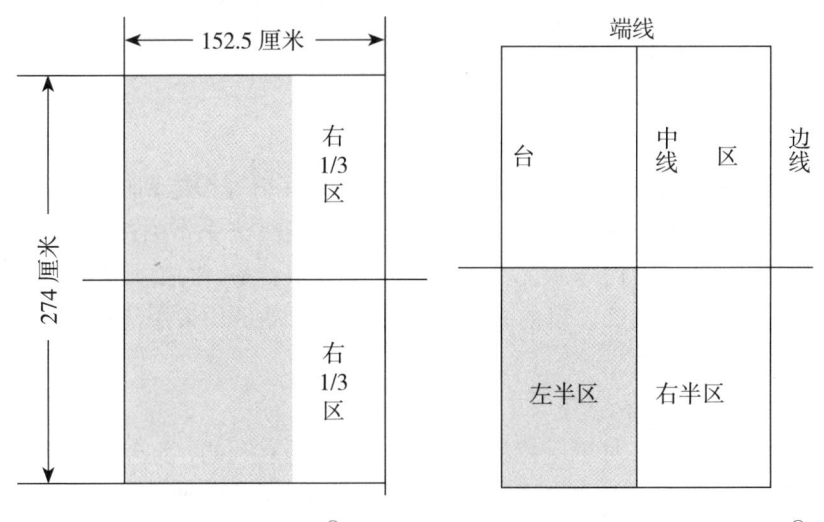

图4-1 球台基本术语[1]

图4-2 球台的基本情况[2]

（二）球

球通常为黄色（或白色），直径为40毫米，重2.7克，制成材料为赛璐珞或类似的塑料。

（三）球拍

球拍的大小、形状或重量没有特殊要求，底板厚度至少应有85%的天然木料，加强底板的黏合层可用诸如碳纤维、玻璃纤维或压缩纸等纤维材料，每层黏合层不超过底板总厚度的7.5%或0.35毫米。用来击球的拍面应用一层颗粒向外的普通颗粒胶覆盖，连同黏合剂厚度不超

---

[1] 严鸣,马德厚.乒乓球[M].西安：西安电子科技大学出版社,2015.
[2] 严鸣,马德厚.乒乓球[M].西安：西安电子科技大学出版社,2015.

过 2 毫米；或用颗粒向内或向外的海绵胶覆盖,连同黏合剂,厚度不超过 4 毫米。

三、乒乓球基本技能

(一)乒乓球基本技术

作为某项运动的最主要的技术,基本运动技术是某项运动进行的前提,某项运动的进行需要以基本的运动技术的掌握为基础。参与乒乓球运动,首先就是要把基本技术练扎实。

1. 握拍法

乒乓球的握拍基本方法主要分两种,即直拍握拍法和横拍握拍法。每种握拍方法都有其各自的特点,比如,直拍握法手指运用较灵活,在发球变化、处理台内球和追身球方面较横握拍容易；横拍握法控球范围大,稳定性比直拍好。目前多数横握球拍的运动员均采用浅握法。

2. 站位与基本姿势

站位的正确,对于保持稳定的击球姿势是有利的；而合理的准备姿势,对于发挥身体各部位的协调性是有利的,并且方便快速移动,可以提高反应速度和击球的命中率。

3. 基本步法

在乒乓球运动中,步法是关系到其技术水平和乒乓球自身发展的重要因素。没有灵活的步法,就不可能有效地回击来球,有效的手法也无法得以使用。它是乒乓球击球环节中的一个重要组成部分,对于学生来说,这也是其必须要掌握的专业技能。随着乒乓球技术的快速发展,步法不仅能及时准确地使用与衔接各项技术动作的枢纽,还是执行各项战术的有力保证。

乒乓球的基本步法有很多,比如常见的单步、并步、跨步、跳步、垫步、侧身步、交叉步、小碎步等。可以根据不同的标准进行区分。比如,按照移动范围,可以分为大、中、小三种范围；按照移动方向,有向前、向后、向左、向右、斜前方、斜后方等；按照移动形式,有平动、滑动、跳动等。

第四章 高校乒乓球课程教学内容的选择与优化

4. 发球与接发球

发球是乒乓球比赛的开始，也是连接整个乒乓球技术、战术的重要环节，在比赛中对于扬己之长、攻彼之短均有着技术和战术上的意义。我国乒乓球的强项技术之一就是发球。

发球之后就是接发球。良好的接发球技术，可以直接得分，也可以破坏和限制对方的抢攻，为自己的进攻创造有利条件；反之，在比赛中就会造成被动，导致心理上的紧张和畏惧，从而引发失误，因此，接发球技术水平也至关重要。

5. 挡球和推挡球

挡球对于乒乓球的初学者来说，是首先要去掌握的一项重要技术。推挡的主要特点是站位近，动作小，球速快。如果能将推挡技术在乒乓球比赛中运用好，那么通常能将近台快攻的优势充分发挥出来，直接得分。

6. 攻球

攻球技术的主要特点是力量大、速度快、落点变化多。攻球技术在很多打法中都是非常重要的一项技术。攻球技术种类繁多，可以按照击球位置和站位分为正手攻球、反手攻球和侧身攻球；可以按照站位的远近分为近台攻球、中台攻球和远台攻球；也可以按照来球性质和落点分为拉攻、攻打弧圈球、台内攻球和杀高球；还可以按照击球力量分为发力攻球和借力攻球等。

7. 弧圈球

弧圈球是一项典型的进攻技术，其主要特点为：具有强烈的上旋，攻击力强、威力大。通常可以将弧圈球技术分为正手弧圈球技术和反手弧圈球技术；也可以按照弧圈球技术的旋转特征分为加转弧圈球、前冲弧圈球和侧旋弧圈球。

8. 搓球

搓球的主要特点是力量小、速度慢、旋转和落点变化多、线路短，球弹起后多在台内，缺乏前进力，对方不易发力进攻，故可作为过渡技术，以等待、寻找或创造进攻机会。搓球技术通常有正手搓球和反手搓球之分；也有快搓和慢搓之分。

9. 削球

削球的主要特点是：稳健性好、保险系数大、以柔克刚。削球通常有正削球、反削球之分。

(二)乒乓球基本战术

所谓的战术，是乒乓球比赛中，为扬长避短以争取胜利而有目的地使用各种技术的方法。可以说，战术水平取决于技术水平。技术是战术的基础。乒乓球有单打和双打两种形式，战术也是如此。

1. 单打战术

(1) 发球抢攻战术

我国乒乓球的杀手锏是直板快攻，而发球抢攻则是直板快攻打法的"杀手锏"，其主要作用是力争主动、先发制人。发球抢攻战术运用效果如何，决定性因素有两个：一个是发球的质量，一个是第三板进攻的能力。速度快、突发性强，是发球抢攻战术的主要特点。常见的发球抢攻战术的具体打法有：正手发转与不转球后抢攻；侧身用正手发高、低抛左侧上、下旋球后抢攻；反手发急上、下旋后抢攻或抢推；反手发右侧上、下旋后抢攻；下蹲发球后抢攻。

(2) 对攻战术

对攻战术主要应用于进攻型打法的相持阶段。快攻类打法的主要特点是，依靠反手推挡（或反手攻球）和正手攻球（或正手拉弧圈球）的技术，将快速多变的特点充分发挥出来调动对方。双方用速度、力量、旋转、落点以及节奏转换的变化，相互控制或在对攻中拼实力，以争得主动。常见的对攻战术形式主要有：攻两角战术、攻追身战术、轻重球结合战术。

(3) 拉攻战术

拉攻战术主要在快攻类打法中用来对付削球类打法。要将这一战术效果充分发挥出来，要做到以下要求：第一，拉球的基本功要扎实，要拉得稳，有落点、旋转及力量的变化；第二，必须拉中有突击或拉中结合冲，有连续扣杀和前冲的能力。常用的拉攻战术形式有：稳拉为主、伺机突击；变化拉球旋转、伺机扣杀；拉斜杀直或拉直杀斜；拉、搓、拱结合，伺机突击；拉中路杀两角或拉两角杀中路等。

（4）接发球战术

高水平的接发球战术能破坏发球者的抢攻意图或者为他制造障碍,减弱对方抢攻的质量,使其由主动变为被动。多变化接发球的落点、旋转、速度,所产生的战术效果会更加显著。常见的接发球战术有:接发球抢攻战术;快搓、短摆战术;用"快点"回击各种侧旋、上旋或不转的短球,伺机进攻,尽可能争取主动等。

（5）搓攻战术

搓攻是利用快、慢搓球为过渡性手段,经过搓球的旋转、速度、落点变化,控制、组织、制造机会,进行突击扣杀、拉、冲弧圈球,是初学者经常运用的战术。常用的搓攻战术有:搓球转快攻;快搓、摆短为主,结合搓长球至对方反手,伺机抢攻;先搓对方反手大角,再变直线,伺机反攻;搓转与不转结合落点变化,伺机抢攻战术。

（6）削、攻结合战术

这一战术主要应用于削攻结合打法,具体来说,就是以削球旋转的变化来牵制并控制对方,同时为进攻创造有利机会。常见的战术形式有:削转与不转伺机反攻;削、攻结合;削两角,伺机反攻;削长、短球伺机反攻。

2. 双打战术

双打战术就是两人在乒乓球比赛中合作共同运用相关战术。单打战术强调的是个人的技战术水平,而双打战术则强调的是两个人的团结合作,互相配合,互相鼓励,互相谅解,互相信任。

双打并不是两个人单打的相加,两人如果配合得好,双打效果会是 $1+1>2$;如果配合不好,则会起到限制总体水平的效果。因此,双打战术的运用需要根据两位选手的风格、技术特点来确定,尽量充分发挥配对者各自的优势与特长。常见的双打战术有:发球抢攻战术;接发球抢攻战术;控制强者、攻击弱者;攻正手、打空当;紧压一角、突袭空当或追身中路等。

四、体育道德与礼仪知识

(一)体育道德知识

体育道德,就是体育范围内形成的稳定的道德观念、行为规范的总称。对体育活动内部人与人、人与社会之间各种关系进行调整,是其主要作用。可以说,体育道德是社会主义精神文明建设的重要内容。

高校乒乓球课程教学中,也要对这些基本的体育道德有充分的了解与掌握,体育道德包含的内容有以下几点。

1. 公平

人生来是平等的,这也就赋予了人与人之间"公平竞争"的权利,这在包含乒乓球运动的体育运动中也是适用的。

2. 诚信

诚信的培养和弘扬,是各个学校都要强调的一个重要教学内容,是学校的重要职责。在高校乒乓球课程教学过程中,教师要为学生做好诚信的表率,从而潜移默化地影响学生。

3. 友爱

在高校乒乓球活动和比赛中,学校要大力提倡以文明礼貌、助人为乐、互助互爱为主要内容的社会公德,这就将体育运动中的友爱这一道德充分体现了出来。在高校乒乓球课程教学活动或比赛中要形成平等友爱、融洽相处、共同前进的氛围和人际环境。

4. 善学

"善学"就是"学会学习",具体来说,就是在获得必要的基础知识、基本技能的同时,掌握有效的学习方法和策略,具有自我调控学习过程的能力。在高校乒乓球课程教学中,帮助学生"学会"并指导他们"会学",都是教师的重要职责。

5. 礼貌

培养孩子文明礼貌,也是学校体育教育的重要内容,这在高校乒乓球课程教学中也是要重点关注的方面。无论是古代还是现代,重要的礼节、礼仪仪式在体育活动、比赛中都会有,由此,可以将体育中的礼貌理解为是社会礼貌、礼仪的浓缩。

（二）体育礼仪知识

体育礼仪所强调的是内在的、有价值的思想、作风和意识。从精神层面上来说，体育礼仪的意义要远远高于体育竞技本身，其不仅能将体育职业精神和职业道德反映出来，同时也能将一个国家、一个民族、一个团体和一个人的文明程度反映出来。

相较于其他的活动礼仪来说，体育礼仪尤其特殊性，这是由体育运动的特殊性决定的。总的来说，现代体育礼仪包含的内容主要有以下三个方面。

（1）在一定场合举行的体育仪式，如开幕仪式、颁奖仪式、闭幕仪式等。

（2）体育活动人员在体育活动中应该具有的仪容仪表、行为举止、服饰、语言及礼貌礼节上的礼仪规范。

（3）能够形象地体现体育活动的价值取向和文化内涵的各类体育知识。

五、乒乓球的赛事与欣赏

（一）乒乓球运动的观赏意义

1. 有效排解工作和学习压力

在当前这个工作和学习压力较大的社会，欣赏乒乓球运动能使这些压力得到有效缓解。在欣赏的过程中，心情得到舒缓，情感和真我得到释放。工作、生活、学习中产生的种种压力和不快一扫而光。

2. 提高观赏水平的同时陶冶情操

乒乓球竞赛的过程是比较公平、公开的。在观赏乒乓球比赛的过程中，要树立正确的体育欣赏观。不断提高自身的欣赏能力，自觉抵制不良行为，学会遵守规则、恪守道德、尊重裁判，在观赏比赛的过程中受到美的享受，从中陶冶情操。

3. 在充分感受竞争的同时提升自身竞争意识

竞赛的过程实际上就是竞争的过程。在欣赏乒乓球比赛的过程中，首先能对参赛的乒乓球运动员的奋力拼搏有充分的体会，在感同身受中提升自身的竞争意识。

4. 促进观赏过程中的情感交流

情感是人们对客观事物的需要与人的内在需要之间关系的反映。这种在欣赏过程中建立的精神关系上的情感属于高级情感。在乒乓球比赛中,可以随着比赛的推进,对所喜爱的运动员进行情感和情绪上的感同身受,或高兴,或惋惜。这些主观上的情感体验,都是高级情感的具体表现。但是,需要注意的是,在欣赏过程中,情感的发展要有一定的节制。

(二)乒乓球运动观赏的内容

1. 赛前了解出场人员的基本情况

在观看异常比赛之前,首先要对参赛的队伍以及运动员、教练员等有所了解,这是一个球迷或者观赛者的基本素养。进一步,还可以对参赛队员的打法、世界排名、目前比赛成绩、本人比赛目标等有所了解和掌握。

2. 了解出场布阵,看懂其中玄机

团体赛中讲究排兵布阵,也是每个参赛单位最看重的事情。主要原因是团体比赛代表了团队的整体水平,尤其是在世界比赛中,团体赛代表了一个国家的乒乓球实力。因此在赛前教练员们会根据对手的情况慎重讨论,研究出场的先后顺序等比赛中的战略问题。以乒乓球团体赛为例,有的会进行正常排序图 4-3,有的参赛队想出奇制胜,就会违背常规,通常把这种排序叫"反排"(图 4-4、图 4-5、图 4-6、图 4-7、图 4-8)。

A - - - x…2 号	A - - - - - - x…1 号	A - - - - - - x…3 号
B - - - y…1 号	B - - - - - - y…2 号	B - - - - - - y…1 号
C - - - z…3 号	C - - - - - - z…3 号	C - - - - - - z…2 号
A - - - y…1 号	A - - - - - - y…2 号	A - - - - - - y…1 号
B - - - x…2 号	B - - - - - - x…1 号	B - - - - - - x…3 号

图 4-3　　　　　　图 4-4　　　　　　图 4-5

第四章　高校乒乓球课程教学内容的选择与优化

A－－－X…1号	A－－－－－X…2号	A－－－－－X…3号
B－－－Y…3号	B－－－－－Y…3号	B－－－－－Y…2号
C－－－Z…2号	C－－－－－Z…1号	C－－－－－Z…1号
A－－－Y…3号	A－－－－－Y…3号	A－－－－－Y…2号
B－－－X…1号	B－－－－－X…2号	B－－－－－X…3号

　　图 4-6　　　　　　图 4-7　　　　　　图 4-8

3. 对打法特点加以了解，更能体验其中乐趣

　　乒乓球的打法多种多样，有近台快攻、直拍横打、拉攻结合、削中反攻等。总之，打法类型繁多，有点让人眼花缭乱，但不管是哪种打法，都有其看点。比如，刘国梁教练曾经擅长的直拍横打在男单中取得了骄人的成绩，不得不让人信服其威力，后来的马林、王浩等紧跟其后，在世界乒坛屡建功绩。

4. 双打欣赏

　　在乒乓球比赛的七个项目中，双打就占有三项，它包括：男子双打、女子双打和混合双打。在奥运会上设立的四项乒乓球比赛中，双打又占了两项，即男子双打和女子双打。由此可见，双打在乒乓球运动中的重要地位。如何欣赏双打比赛，比赛中的看点主要有：双打配对的组成；双打的特点——配对要合理；前后站位这几个方面。

第二节 高校乒乓球课程教学内容的选择、组织与实施

一、高校乒乓球课程教学内容的选择

(一)高校乒乓球课程教学内容的选择依据

1. 要体现出"目标引领内容"的思想

在高校乒乓球课程教学过程中,首先要将教学目标确定下来,以此为依据,来为教师教学活动的开展提供科学的指导,比如,分析教材,确定教学内容,提升学生的乒乓球专业技能,从而使学生的健康水平和身心都得到发展和提高。所选的教学内容应是被判断具有能完成高校乒乓球课程教学目标功能的那些内容,而且所选的内容应是健康的、有教育意义的、文明的和有身体锻炼价值的,要能为乒乓球运动技能习得和身体锻炼做出贡献的内容。对于所要选择的教学内容要依靠体育教学目标加以衡量之后再进行选用。

2. 要安全且符合学生发展特点

在选择高校乒乓球课程教学内容时,要求对所针对的学生的乒乓球运动基础、身心特征、心理发展特点和体能发展敏感期进行充分的分析,提升教学内容的针对性。同时,还要保证所选择的教学内容在高校乒乓球课程教学过程中的实施是安全的。

3. 与教学实际条件相适合

在选用高校乒乓球课程教学内容时,一定要对学校所处的地理位置特点与区域差异、教师能力、场地与设施条件、季节、气候、学生实际等具体情况进行充分考虑,从而保证所选择的教学内容能够因时、因地、因校制宜地顺利开展,并保证取得理想的教学效果。

4. 实用性和趣味性相结合

在选择高校乒乓球课程教学内容时,一定要将锻炼的实际效果和

实用性作为关注的重要方面,从而使学生身体锻炼得以顺利进行,学生体质得到显著增强,同时还要重视学生的学习兴趣。在安排高校乒乓球课程教学内容时,则要做到尽量使实用性强的内容反复出现,并逐步提高要求。总的来说,所要选用的高校乒乓球课程教学内容,应该是学生广泛感兴趣并能从中体验到运动乐趣的内容,使实用性和趣味性相结合,不致偏废。

(二)高校乒乓球课程教学内容的选择方法

在选择高校乒乓球课程教学内容时,确定下来教学目标之后,就需要以此为指导来进行下一步,即确定要用的选择方法,具体可以有以下几个方面。

1. 学习领会

(1)要学习领会的内容主要包括高校乒乓球课程标准和相关教科书的要求与规定以及高校乒乓球课程教学内容的划分理论。

(2)要将所有已经从高校乒乓球课程教学素材中选出的可供选择进入高校乒乓球课程教学的内容罗列出来。

2. 调查

(1)对包括教师和学生在内的对象进行调查。调查内容包括教师的乒乓球专项水平、技能面、教学经验等;学生的乒乓球运动基础、身体基本活动能力、身体素质等。

(2)要将与教师和学生的实际情况相符的高校乒乓球课程教学内容按照程度分别排列。

3. 再加工

再加工就是以学生的生理与心理特点、场地器材条件、地区差异、气候特点等为依据来对排列的高校乒乓球课程教学内容进行分类,具体来说,就是将适合精教、简教、锻炼、介绍的教学内容分别确定下来。

4. 教学内容修整

在实际的教学过程当中,要以场地器材数量、班级数量、学生数量、教师数量等对四类高校乒乓球课程教学内容为依据来进行适当的调整,最终将适合本校、教师、学生、教学实际情况的精教、简教、锻炼、介绍类教学内容的项目数量确定下来。

(三)高校乒乓球课程教学内容的选择过程

1. 认真审视高校乒乓球课程教学内容

在选择高校乒乓球课程教学内容方面,要在关注社会的同时,以社会的科学、教育、生产、生活等具体发展实际为出发点,充分考虑社会的发展的影响力,尤其是在健康方面的影响和提出的要求,并将此作为基本点来合理地分析和评价现有的高校乒乓球课程教学素材。对现有的乒乓球课程教学素材进行分析和评估,主要涉及这些教学内容对于增进学生健康,培养良好的思想品质是否有利。除此之外,还要看所选择的高校乒乓球课程教学内容与教育的具体要求是否相符,同时,还要将那些不利于学生身心健康发展的素材摈弃掉。

2. 充分整合乒乓球运动

关于高校乒乓球课程教学内容,其在选择方面也至关重要,这也就要求根据高校乒乓球课程教学的具体目标,在此基础上,要认真并仔细分析乒乓球运动对学生身心发展的促进作用,然后对乒乓球运动和身体练习进行进一步的合并和整理,并将其作为高校乒乓球课程教学内容的基本素材。

二、高校乒乓球课程教学的组织

(一)高校乒乓球课程教学组织方法的重要性

在高校乒乓球课程教学活动中,体育教师与学生为实现体育教学目标采用的各种结合方式,就是所谓的教学组织方法。

在高校乒乓球课程教学活动中,教学组织方法有着显著的特点:第一,教师和学生都按照相应的教学程序从事教学活动,集体上课或小组学习;第二,教师和学生的活动都会受到相应的时间限制;第三,教师和学生在乒乓球课程教学活动中结成一定的"搭配"关系,他们之间会直接或间接地相互作用。

第四章　高校乒乓球课程教学内容的选择与优化

关于教学组织方法在高校乒乓球课程教学中的重要性,主要体现在以下几个方面。

1. 是体育教学目标和教学内容得以实现的保证

对于高校乒乓球课程教学来说,其教学目标的达成、教学过程的实现、教学原则的体现、教学方法的运用等,最终都要综合、集结、具体落实到一定的教学组织方法上去,要以各种各样的结构方式组织起来开展活动,并表现为一定的时间序列,发挥其集合作用。

可以说,教学组织方法高校乒乓球课程教学的具体落脚点,带有综合、集结的性质。教学组织方法的科学、合理与否,会在高校乒乓球课程教学活动的开展和效果上有直接的体现。

2. 有助于使大部分学生的学习质量有所提升

高校乒乓球课程教学组织方法,能够将教学中的教师教和学生学有机联系起来,教学组织方法的研究内容也较为广泛,主要有三个方面:一是如何将教师和学生组织起来;二是教学场地时间和空间的安排及其科学分配;三是教学的内容、规律、原则、方法如何更好地组织起来并发挥作用的问题。

对高校乒乓球课程教学组织方法进行研究具有非常重要的现实意义,主要表现为:合理地确定高校乒乓球课程教学中教师与学生的人员组合,科学地安排教学活动的组织顺序,可以充分利用有限的场地、器材、设备,尤其在物质条件不充足的条件下,更要周密安排,从而将高校乒乓球课程教学系统的功能充分发挥出来,提高学生的学习质量。

3. 有助于学生的个性、情感的培养与发展

从某种意义上说,高校乒乓球课程教学组织方法,能够将学校中师生之间以及学生相互之间的交往方式反映出来。这种方式对学生的个性、情感和学习态度等会产生重要的影响。如在班级教学条件下,有助于培养学生良好的人际关系,形成健全的个性品质。采用合理的教学组织方法,对于高校乒乓球课程教学活动的多样化是有利的,同时,还能为解决因材施教的问题提供便利,促使学生的兴趣、能力、特长、个性得到更好的发展。

（二）高校乒乓球课程教学组织方法的主要类型

在高校乒乓球课程教学活动中，教师与学生之间、学生之间的交流所用到的组织方法有很多种，其在课内教学和课外教学中都会涉及。高校乒乓球课程教学组织方法的类型有很多种，下面就进行详细阐述。

1. 班级教学

班级教学，也被称为全班教学，是目前我国普遍采用的一种教学形式。具体来说，班级教学的教学组织方法，就是通过教师讲授、示范、演示等方法向一个班集体传递教学信息。全校把学生按年龄、学业程度、学习兴趣编成班级，使每一个班有固定的学生和课程、统一的教学内容和进度，全班学生按照固定的教学时间表接受同一位教师的指导。

2. 分组教学

由于分组教学能够将因材施教、区别对待的原则体现出来，也比较容易将学生骨干的作用发挥出来。因此，无论上课时学生人数有多少，分组教学都是一种必要的教学组织方法。

分组教学依据的标准有很多。其中较为主要的有：同一学习内容采用何种教学方法和媒介手段；达到某一教学目标的若干教学过程在什么范围（量）上、按什么样的要求（质）、通过什么样的学习方式来实现；如何变换学习目标；学生的年龄、性别、宗教属性；学生学习的能力、天赋、兴趣爱好。

目前欧美国家流行的分组教学有两大类，即内部分组和外部分组，从中分化出多种多样的分组方法。图 4-9 显示了目前流行的一个分组教学体系。

教师在高校乒乓球课程组织教学中经常会采用分组教学。目前，在体育教学改革中，面临的亟须解决的问题，就是如何合理进行分组，使课堂教学生动活泼，充满竞争和欢笑，并能充分发挥学生的主体作用，激发学生学习潜能，摆脱过去那种生硬呆板的行政分组，简单而笼统的分组轮换所带来的沉闷消极的心理空间和课堂氛围。

分组教学将追求高效益，优化课堂教学结构作为追求的主要目标。因而，这就要求分组教学必须从教材内容、场地器材等客观条件出发，尤其要与学生实际相结合来进行分组，过多或者过于频繁的分组轮换

第四章　高校乒乓球课程教学内容的选择与优化

对高校乒乓球课程教学反而会产生不利的影响，要加以注意。

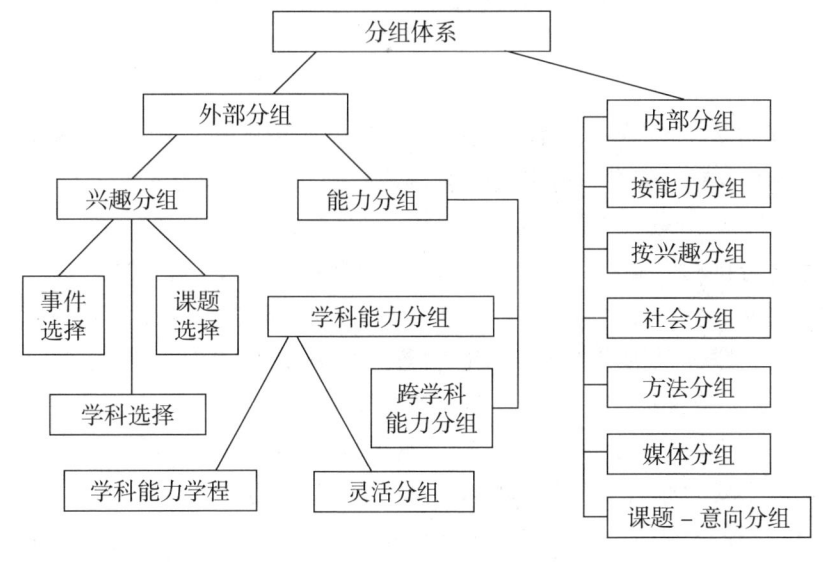

图 4-9　分组教学体系

另外，分组教学并不是固定死板的，要保证其灵活性。在明确教师主导地位的前提下，分组教学要充分体现出学生的主体性，使学生在分组形式方面有较大的选择自主权。

3. 个别教学

个别教学，通常就是指体育教师因人而异地对学生的学习进行指导。个别教学在高校乒乓球课程教学中也有所应用，但是，也不是所有的情况都是适用这一组织方法的，这主要是由于其自身的优缺点。

优点：体育教师参照每个学生的特点来进行区别指导。每个学生也可根据自己的实际情况掌握自身对乒乓球的学习进度。程度各异的学生都能够按自己的能力选择相应的学习内容，让每个学生都能最大限度地获得学习效益，同时，这一组织方法对于体能较差的学生来说是非常友好的。总的来说，有利于因材施教，是个别教学的最大优点。

缺点：一个体育教师所面对的学生是非常少数的，很不经济，而学生只限于和体育教师单一的交往，没有与同伴竞争与合作的机会，长期采用这一教学组织方法，会对师生之间和学生之间的相互作用产生不利影响,同时,也不利于学生的身心发展。此外,如果学生缺乏应有的自觉性,也会对正常的乒乓球课程教学进度造成一定影响。

4. 复式教学

复式教学与单式教学是相对而言的。所谓的单式教学,就是在班级教学中,教师在同一地点,用同一教材,对同一年级的学生进行教学。复式教学则是教师在同一教学地点,在同一节课上,用不同教材,将直接教学与自动作业活动配合,分别对不同年级的学生进行教学。

复式教学是班级教学、小组教学和个别教学相结合形成的一种变式。它一般在我国农村的学校体育教学中采用,由于同一年龄、学习水平和身体发展相近的学生人数较少,教师人数有限,因而采取将两个或两个以上年级的学生共同组成一个班级,由一位教师进行教学。[①] 尽管复式教学要兼顾几个年级,教学管理难,但对于培养和锻炼学生自我锻炼、自我控制、自我管理等能力是非常有利的。只要正确地加以组织,合理编班,注意培训,发挥小组长的作用,用复式教学所取得的教学效果也会是比较理想的。

(三)高校乒乓球课程教学内容组织的主要原则

上面对高校乒乓球课程教学组织方法的各个类型和具体形式进行了详细的分析,可以得知,不同教学组织方法的特点是不同的,适用的范围也不同,因此,为了保证教学效果,需要对这些教学组织方法进行选择并加以应用,具体来说,要遵循以下几个选择的原则。

1. 灵活性原则

高校乒乓球课程教学的模式并不是固定不变的,而是要以高校乒乓球课程教学内容和课的任务与要求、人数、性别等情况为依据,来灵活地运用各种教学组织方法,把课上得有声有色。

2. 合理性原则

高校乒乓球课程教学中,学生只有经过反复的身体练习,才能建立动力定型,掌握运动技能,提高健康水平,这是其主要特点所在。为增

---

① 佟晓东,刘轶. 体育教学设计与实践 [M]. 沈阳:东北大学出版社,2009.

加学生的练习时间和次数,教师必须了解乒乓球运动场地器材的实际情况。以教材的多少为依据选择最佳的教学组织方法,使教材的利用率达到最佳。另外还要注意,乒乓球场地布置要合理,器材的摆放位置、距离要在不相互影响练习的前提下尽量靠近,从而使队伍的调动有所减少。

3. 针对性原则

高校乒乓球课程教学中使用的器材并不是一成不变的,对场地器材要求也各不相同;学段不同,年龄、生理特点的不同,对组织工作的要求也不同。因此,在选择高校乒乓球课程教学组织方法时,要以不同学段、不同性别、不同年龄的对象为依据,来进行针对性的选择,做到区别对待。

4. 严密性原则

通常,高校乒乓球课程教学都会采用班集体授课制度。由于目前我国大部分教学班级学生人数偏多,所以教学组织必须严密、有序、有条不紊。严密的教学组织也能使伤害事故的发生得到有效避免或者减少。

三、高校乒乓球课程内容的实施

(一)高校乒乓球课程教学内容的加工

为了使教学内容与体育教学目的和要求更加相符,就需要对高校乒乓球课程教学内容进行加工,这是常规化的一种操作,具体的加工方式有很多种,其中,教材化方法是一种典型方法。

教材化的方法也有很多种,其中,较为典型的有以下这几种。

1. 动作教育的教材化方法

动作教育是一种体育教育思想和体育教材方法论,它出现在欧美。将一些竞技体育运动按照人体的运动原理进行归类,并提出针对少年的教材设计是其特点。这种教材化方法对学生基本活动能力的形成非常有利。

2. 游戏化的教材化方法

游戏化的教材化方法，就是以游戏的形式将教学内容表现出来的一种形式。在高校乒乓球课程教学内容的加工方面采用这种教材化的方法，能够有效提升学生的学习兴趣，同时，也不会对练习的性质产生影响并使其发生改变，但是，在练习的效果上却能起到增强的效果。

3. 理性化的教材化方法

理性化的教材化方法，实际上就是使学生对乒乓球运动原理有一定的了解与理解，从而达到"懂与会结合"的效果。同时，还进一步深层次挖掘乒乓球运动的原理和知识。通常来说，这种教材化方法的运用并不是单独进行的，而是经常结合发现式、启发式的教学方法来进行的。

4. 运动处方式教材化的方法

这是教材化方法以遵循锻炼的原理为基础，对运动的强度、重复次数、速率等因素进行了组合排列，并以学生不同的锻炼身体的需要为根据，组成处方来进行锻炼和教学。这种教材化方法在高校乒乓球课程教学过程中是不可缺少的，因为它对教会学生运用运动处方锻炼身体的方法非常有利。

（二）高校乒乓球课程教学内容与教科书的应用

1. 乒乓球教科书的价值

乒乓球运动作为学校体育运动项目的重要内容之一，其教科书也有非常重要的价值，具体体现在以下几点。

（1）是技能讲解的媒体

由于乒乓球运动技术和战术是有一定的复杂性的，仅靠教师在课堂上的讲解是无法让学生充分理解的，这就需要运用其他的辅助形式来表现。文字和图片可以用来表示比较复杂的运动技术和战术，但是由于高校乒乓球课程的特殊性，使用黑板和挂图难以实现，这时，乒乓球教科书就可以作为乒乓球运动现状技能讲解的媒介，这就将其媒介价值充分体现了出来。

第四章　高校乒乓球课程教学内容的选择与优化

（2）是课后复习的材料

在高校乒乓球课程教学过程中，有些技能仅在课堂上教了还不够，还需要在课后进行练习。而由于高校乒乓球运动课程与其他课是有所差别的，因此，在高校乒乓球课堂上，学生不太可能记笔记，这种情况下进行课后复习就需要乒乓球教科书发挥作用，可见乒乓球教科书可以作为课后复习的材料，笔记本和复习资料方面的价值较为显著。

（3）是课中和课后作业的辅导书

关于课中和课后的乒乓球作业受到高度关注。在乒乓球教科书中，往往会有一些自主性较强的实践作业的安排，课后也会安排一些锻炼身体的作业，这些都是很好的做法，有利于学生提高身体的能力。利用教科书来布置作业并对学生作业的完成进行辅导，可以规范作业的要求，并节省留作业的时间，因此，教材可以作为课中和课后高校乒乓球作业的辅导书。

（4）是学生课外乒乓球读本

"读本"的性质是乒乓球教科书应该具有的重要性质之一，在乒乓球教科书中编入一些课外读物和各种媒体中难以系统获得的乒乓球知识和原理，可以使乒乓球教材成为学生愿意阅读的"读本"，能够与乒乓球课的知识和技能学习之间的配合更加科学和密切。

（5）是学生相互和自我评价的工具

乒乓球的教科书中也会包含学生自我评价和相互评价这一重要内容，这些内容的编入是有意识的，它可以使学生在课中、课下对自己、对他人、对小组的同伴、对班集体，甚至对老师做出评价更加方便，从而使乒乓球学习的理性化更加显著，同时也更加充满活力和民主氛围。

2. 乒乓球教科书的用法

乒乓球教科书的用法主要有以下三种。

（1）课中辅助教学，课下指导复习

在高校乒乓球课堂教学中，乒乓球教科书是其中不可或缺的重要方面，这就是"课中辅助教学"的含义。教科书在课中辅助教学包含的情况有很多种：第一，在高校乒乓球课程教学中，学生钻研某些有难度的动作的情况，如在对运动技术结构分析时，给学生思考和分析提供帮助。第二，学生在高校乒乓球课程教学中需要讨论某些有深度的理论问题时,如在对某些战术理论进行探讨时,教材可以给学生提供分析的方法和举例。第三,教科书能够为学生提供各种参考,这种情况主要适用于两种情况,一种是学生在高校乒乓球课程教学中进行小组学习的时候,一种是教师让学生进行独立探索性学习的时候。第四,当教师想在高校乒乓球课程教学中给学生以更广泛的学习内容或进行不同内容的选择教学时,可为学生提供选择内容。第五,当教师在高校乒乓球课程教学中让学生进行相互和自我评价,小组间、小组内进行评价时,可给予学生评价的标准和方法。

另外,在高校乒乓球课程教学过程中,是要求课后进行相关练习的,而教科书中也有课外练习的作业,包括练习方法、练习量、注意事项等,形成一种类似"家庭作业"的"课后练习"的东西,如"家庭运动处方""课外小组活动"等。通过教科书,学生可以获得有难度的运动技术和身体素质练习的方法,以便在课后进行复习,这也就是教科书"课下指导学习"的作用所在。

(2)课中辅助教学,课下拓展学习

教科书的作用是多方面的,其中,"课下拓展学习"也是其重要作用之一,也可以将其理解为在课下安排一些与课上内容有联系的内容,但是要比课上的内容更为拓展,这就为学生的自我学习和探索提供了一定的帮助。理论上需要思考的问题以及在方式方法上变形和变化的运动都属于这一性质的内容,它们共同形成了一种类似"课外尝试和探索作业"的东西。

(3)课中辅助教学,课中和课后进行评价

学生进行高校乒乓球课程学习,其中包含的众多因素中,自我的学习情况进行评价是十分重要的,它可以使学生对自己的学习态度、学习行为、学习效果有清晰的认识,有利于学生进行内省式总结。教科书则将其"课后进行评价"的作用充分发挥了出来,因为在乒乓球教科书中有一些评价表,通过教科书,学生对一些自我评价的方法能进行学习、掌握和应用。

除了上述这几种主要的用法之外,乒乓球教科书还有一些辅助形式,比如,乒乓球教学指导用书、多媒体课件、音像教材和学习卡片等。

第三节　高校乒乓球课程教学内容优化的策略

乒乓球在我们国家一直被认为是"国球",乒乓球运动在奥运会上为我国赢得很多的荣誉。乒乓球课程教学的内容优化,应当根据乒乓球课程教学的目标、乒乓球课程教学的基本规律和我国的国情来确定。

一、高校乒乓球课程教学内容资源的发展现状

从当前的形势来看,在发展过程中,我国高校乒乓球乐成教学内容资源方面让有一些问题存在并亟须解决,主要可以归纳为以下几方面。

（一）学生的主体性没有在设计上体现出来

在设计高校乒乓球课程时,一定要从健康的角度来入手,这是根本性的要求;同时,还要以学生的身心发展和学习为出发点,来有效选择和涉及相关的教学内容,同时,也要与学生的需要、学生的发展以及学生的主体作用相结合,从而保证教学内容的科学性与合理性。但是,在具体的高校乒乓球课程教学内容的实际设计操作方面,大部分的体育教师没有充分考虑到学生的具体的发展需要,对教学过程中学生的主体作用的重视程度也远远不够。

（二）课程安排的合理性欠缺

通过对我国高校乒乓球课程安排的调查分析发现,这方面存在着较多的问题,比如,乒乓球课的安排方面,往往重视实践课而忽视理论课。但是,实践是在理论的基础上实施的,缺乏理论的支撑,学生乒乓球课程教学的开展就会受到制约,最终乒乓球课的教学质量也不会理想。

（三）内容陈旧,缺乏创新

在不断的发展过程中,我国体育教学始终都会强调教学内容体系的完整性,这在高校乒乓球课程教学中也是如此。但是同时,这也会导

致在一些比较具有前沿性和现代性的教学内容方面的忽视，使得高校乒乓球课程教学的相关知识和技能大都比较老旧，在缺乏创新的情况下，大致更新的速度非常慢，这造成了学生产生枯燥、乏味之感。

（四）教学内容单一，无法满足学生的自由选择

宏观方面，高校乒乓球课程教学内容太过于死板，从而致使一些局限性和阻碍因素产生，具体表现为以下几点。

（1）过于细致的教学大纲及相关规定，所导致的直接后果就是编排出来的教学内容大都是大同小异的，进一步地，就会导致在确定高校乒乓球课程教学内容时，限制了教师的自由发挥程度，通常只能"照章办事"，教师的创造性作用得不到充分发挥，无法将其主导性地位体现出来。

（2）由于规定的过于死板，学生在高校乒乓球课程教学内容方面的自由选择就会受到制约，从而无法与学生的具体发展需要相适应，再加上选修的教学内容所占的比例较少，这些都不利于高校乒乓球课程教学内容的进一步完善与理想教学效果的取得。

（3）高校乒乓球课程教学内容过于单一化，在这样的情况下，要想将高校乒乓球课程教学的教学目标体现出来是非常困难的，而且高校乒乓球课程教学内容中，真正满足学生兴趣的、趣味性和娱乐性较为显著的相关内容是非常少的。

（五）基础设施不能满足教学与学生需求

高校乒乓球课程教学活动的开展是需要在一定的物质基础上实现的，就是指要具备完善的场地和器材设备。从目前的状况来看，我国大多数高校乒乓球课相关的场地和器材设备都不够完善，很难确保乒乓球的教学质量。比如，学校在教学设备的保护方面往往是忽视的，这就导致很多乒乓球台被损坏，但是由于没有得到及时的维修，仍处于使用当中，这就会对学生的健康产生威胁；很多高校不及时地更新教学设施，不能够做到与时俱进，这对于学生创新能力的提高是不利的。[1]

---

[1] 胡毅等.普通高校乒乓球课教学内容的优化探究[J].体育风尚，2019（09）：152.

第四章　高校乒乓球课程教学内容的选择与优化

（六）教学内容较多，认识深度不够

高校乒乓球课程教学包含的内容非常之多，就表面来看，看似对学生的全面发展给予了足够的重视，但就实际来说，很难在规定的时间内容将这些教学内容一一教授完。即便能够在规定时间教授完一部分内容，这些通常也只是对一些表面性的知识进行综合性的讲授，学生对所学的乒乓球课程教学内容的认识较为浅显，这也不利于学生更好地掌握乒乓球运动技能。

二、高校乒乓球课教学内容的优化途径[①]

（一）及时更新教学内容动态

包括高校乒乓球课程在内的所有课程，都是一定社会、经济制度的产物。教学内容的选择必然伴随社会的发展而不断更新与完善；社会发展的促进作用也是推动教学内容选择与发展的必然结果。社会始终处于持续发展的动态中，因此，这就要求高校乒乓球课程教学内容的选择也要时刻保持动态更新。一般的，高校乒乓球课程教学内容资源的更新主要涉及三个方面，即教材版本更新、精选乒乓球教材内容更新以及教材体系更新。其中乒乓球教材体系可以分为三个部分，即基础理论篇、技战术学习篇、技能指导篇（表4-1）。

表4-1　乒乓球教材体系基本框架[②]

基础理论篇	乒乓球运动常识	乒乓球运动发展简史；乒乓球重大赛事介绍；乒乓球常用术语；乒乓球拍器材功能介绍；握拍法；基本站位与基本姿势
	乒乓球运动专项理论	乒乓球击球的基本原理；乒乓球制胜因素及打法类型特点；新规则下的乒乓球技战术发展趋势
技战术学习篇	乒乓球技术	常用步法；发球与接发球；推挡与拨球；攻球；搓球；弧圈球；直拍反面技术；乒乓球技术训练应注意的问题
	乒乓球战术	发球抢攻；接发球抢攻；对攻；搓攻；拉攻；乒乓球战术训练应注意的问题；乒乓球战术意识培养

[①] 贾珺雅．普通高校乒乓球课教学内容的优化 [J]．科学中国人，2017（18）：239-240．
[②] 兰彤，何艳．体育院校体育教育专业乒乓球课程内容设置创新研究 [J]．沈阳体育学院学报，2008（05）：90-92．

续表

技能指导篇	乒乓球双打	双打的特点与配对；双打的战术
	乒乓球教学能力	教学原则和组织方法；教学文件制定；观察分析和纠正错误；乒乓球教学注意事项
	乒乓球组织能力	乒乓球竞赛规则；乒乓球竞赛组织与编排；乒乓球比赛裁判
	乒乓球创新能力	乒乓球游戏创编；乒乓球练习手段创新；乒乓球教学方法创新
	乒乓球健身指导能力	乒乓球运动健身功能；乒乓球运动健身手段；乒乓球比赛赏析
	乒乓球科研能力	乒乓球运动科研意义，选题范围及内容选择；乒乓球运动科研计划与步骤；乒乓球运动主要研究方法

（二）合理安排课程体系

众所周知，理论和实践两者之间的关系是非常密切且不可缺少其一的，教学活动的质量取决于两者之间的相互促进。关于高校乒乓球的教学内容，首先，应该从高校自身出发，做好相应的规划，并保证规划的科学性和专业性，将理论和技术放在同等重要的位置上。但是，实际情况并非如此，调查发现，大部分的高校乒乓球教师在教学过程中教授的内容以乒乓球的具体技术为主，涉及的专业理论知识非常少，这就导致学生对乒乓球的总体认知程度较低，只掌握专业技能，在理论知识方面"一问三不知"。因此，对于高校来说，就要适当调整乒乓球课程安排体系，平衡理论和实践的比例，从而保证乒乓球课程教学的有效性。另外，在教学内容的安排上，也应该先对学生进行理论教学，使学生意识到乒乓球理论课的重要性，以及与乒乓球有关的规则，以保证乒乓球实践课活动的合理性和有效性。

（三）通过积极的引导提升学生的思考能力

乒乓球运动对于学生来说，能使其动手能力和思考能力都得到有效锻炼和提升。因为在高校乒乓球课程教学过程中，尤其是实践教学中，学生要以球运动的轨迹来判断球落下的位置，还要细心观察对手的运动习惯，从而对对手下一次出球的方式进行准确预判。在乒乓球战术方面，学生则需要进行长时间的观察、冷静的思考、精密的规划等来

第四章　高校乒乓球课程教学内容的选择与优化

进行分析。战术的最佳讲解模式便是教师根据学生的实际情况创设学习情境，规划好每一个课时的内容，从学生的兴趣点出发，让学习内容与社会热点连接起来，从而提高学生学习的效果。[①]

（四）增设游戏活动的相关内容

要想保持学生的学习热情和兴趣，以及良好的教学效果，一成不变的课堂授课是不可能实现的，因为学生并不喜欢枯燥乏味的学习和机械性的教学和训练，因此，增设游戏活动是有效解决这一问题的途径之一。游戏的增设，能使学生的注意力得到有效集中，还能将其作为课前热身的项目，不仅能吸引学生的注意，还可作为一种课前热身项目，对后续的乒乓球专业技能训练起到事半功倍的效果。除此之外，还可以针对性地增设一些游戏，从而有效增强学生的凝聚力，对集体的意义有更加深刻的体会，达到传播竞技精神的目的。游戏的方式多种多样，可以是单人对抗赛、多人对抗赛、接球竞赛等，具体根据乒乓球课程教学的实际需要来进行选择。

（五）完善乒乓球场地器材

场地器材，是体育教学开展的重要物质基础，高校乒乓球课程教学的开展同样需要相关的场地器材加以支撑。良好的场地器材，能够为学生提供一个良好的教学环境，因此，要重视乒乓球课教学场地器材的建设工作。

具体来说，各个高校要参照学生的数量来明确乒乓球场地和器材的数量，从而使学生在乒乓球场地和器材方面的需求得到充分的满足，保证学生乒乓球课学习的正常开展，同时，还要做好器材的更新工作，做到与时俱进。另外，高校还应建立一套场地和器材的维修制度，定期地对场地和器材进行维护，同时规范学生的行为，使其在上课时对场地和器材进行保护，延长场地和器材的使用寿命。在课余时间，为有兴趣的同学提供场地进行练习，丰富其课余时间，促进学生的全面发展。[②]

---

① 李冬阳. 高校乒乓球课教学内容的优化与改革 [J]. 拳击与格斗, 2020（01）: 86.
② 胡毅等. 普通高校乒乓球课教学内容的优化探究 [J]. 体育风尚, 2019（09）: 152.

第五章　高校乒乓球课程教学方法的设计与优化

学校体育作为体育活动开展的主要领域之一，承载了体育的最基本的健身功能，学校体育活动的开展可以促进青少年的身体正常发育，培养正确的身体姿态；全面发展学生的身体素质和基本活动能力，提高人体的机能水平；增强机体对环境的适应能力和对疾病的抵抗能力等等。同时，学校体育可以丰富学生的课外活动内容，使学生在学校体育活动参与中得到乐趣和愉快体验。学校体育还可以扩大学生的社会交往，建立健康的生活方式。要达到最佳的教学效果，必须对教学方法进行创新与优化。

第一节　体育教学方法概述

体育与其他学科不同，教学方法与其他学科差异更大，具有很强的互动性。在体育教学中，教师要根据教学的内容、目的任务、学生的实际情况、教学的环境，有针对性地选择合适的体育教学方法。为了有效地完成教学任务，教师在教学过程中要树立整体化意识，用优化的观点整合教学方法，最大效益地发挥体育教学方法的整体功能，提高教学质量。

一、体育教学方法的概念

"方法"是指研究和认识的途径，教学方法是教学理论中的一个重要组成部分，是在教学过程中，教师和学生为实现教学目的、完成教学任务而采取的教与学相互作用的活动方式的总称。据此，体育教学方法可以定义为：在体育教学过程中，为实现教学目标，教师组织学生进行学习活动所采取的教与学的方式的总称。

由概念可以看出，体育教学方法既包括教师教的方法，也包括学生学的方法，还包括师生行为活动的顺序。在体育教学过程中，体育教师既要考虑针对特定的体育教材（体育教学内容）应该如何设定体育教学目标、把握体育教学难点与重点、如何安排体育教学组织形式等教法方面，同时，也要考虑如何调动学生积极性、学生学习会遇到什么问题等学法方面。只有两者良好地结合起来，才能为体育教学目标的实现提供切实的保障。[1]

二、体育教学方法的特点

体育教学方法具有以下几个方面的主要特点。

（一）互动性

体育教学除了教师讲解动作要领，更加重要的是教师示范动作，学生模仿动作，教师言传身授，讲解与示范并用来进行传递信息和控制职能，学生随堂听讲、观察、阅读和参与，反复练习即时消化与巩固，达到最佳的教学效果。

---

[1] 杨海平等.体育教育专业必备基础知识读本[M].广州：广东高等教育出版社，2014.

第五章　高校乒乓球课程教学方法的设计与优化

（二）多样性和整体性

相对于其他课程而言，体育教学方法既包括口头的讲解方法，也包括体育实践中的身体练习方法。每种方法都有其独特性能和使用范围，适用于所有教学条件的万能方法是不存在的。不同的教学方法共同构成一个完整的方法体系，各种具体方法彼此联系、密切配合、相互补充、不可分割，综合地发挥整体效能。例如，在教授体育技术动作时，体育教师要采用讲解、示范、学生练习等不同的教学方法，才可能达成教学目标。

（三）继承性和发展性

体育教学方法具有历史继承性，前人积累的体育教学方法可供后来者继续使用。同时，随着社会的变化和体育教学的发展，体育教学目标的改变、体育教学条件的改善都促使体育教学方法与时俱进。

三、体育教学方法的作用

体育教学方法的作用主要包括以下几个方面。

（一）教学方法是实现教学目标、完成教学任务的重要保障

教学目的和目标必须通过教学内容的科学传递来实现，而教学方法则是影响这种传递效果的关键因素。良好的教学方法能够使复杂的问题简单化、使枯燥的内容生动化，最大程度实现体育教学目标。

（二）教学方法能够有效激发学生的学习动机，促进学生积极主动有效地学习

体育学习过程中，学生的多样性决定了学生参与体育活动动机的复杂性，而良好的教学方法必定是最大程度调动学生积极性，使其不知不觉地参与到体育教学过程中的教学方法。保障了教与学两方面，才能创造出丰富、活泼的课堂氛围。

（三）教学方法能够形成良好的师生关系

课堂是教师与学生互动的主要场所，教学是学生认识教师、评价教师的关键影响因素。良好的教学方法通过活泼的教学形式来达成教学

目标,让学生在体育课堂上既有运动参与又有体育知识的活动,从而有成就感,认可体育教师的劳动成果,形成良好的师生互动关系。

四、体育教学方法的应用

体育教学方法包括理论和实践两方面,教学方法的选择需要考虑教学目标、教材内容特点、学生以及教师自身的情况四个重要因素。

(一)体育理论课的教学技巧

体育理论知识是学校体育教学的重要组成部分,是体育课的重要组成部分。中学体育理论课次数虽少,但也是体育教学及健康教育的重要组成部分。一般讲授的内容是:体育基本知识,技术项目规则和对技战术的分析,介绍体育运动的历史、意义及各项运动及比赛的起源和发展趋势,运动损伤的相关知识及中华养生学的一些知识。比如,通过组织学生观看奥运会乒乓球比赛,结合比赛过程进行乒乓球的相关知识的教学等。

(二)体育实践课的教学方法及应用

中学体育教学以户外的实践课为主,以保障学生的体育运动参与、体育技能技术的习得与巩固。在体育实践课的教学过程,可以考虑采用的主要教学方法包括语言法、直观法、完整法与分解法、游戏法与比赛法、预防与纠错法等几种,具体方法将在第三节详细介绍,这里不做展开。

第二节 高校乒乓球课程教学方法的合理选择

教学方法的选择与运用是否正确,直接影响着教学任务的完成。教学方法应根据教学任务、教学内容、学生实际、作业条件等具体情况

第五章　高校乒乓球课程教学方法的设计与优化

来确定,要有的放矢,灵活运用,讲求实效。

一、高校乒乓球课程教学方法选择的依据

要研究高校乒乓球教学方法的问题,关键在于选择方法的参考依据。要因材施教,区别对待,就必须采用小班教学,而小班教学却受到教学条件的限制,作为体育教师是无能为力的。但分组教学教师是可以掌握的,组的划分可以考虑到学生不同的体育水平。要做到这一点,其他学科的教学就很困难,而体育教学却为我们提供了非常有利的条件。上体育课时根据学生的水平,分若干个小组,让学生确定不同的目标,采用不同的方法,提出不同的要求,这种因材施教的教学,从宏观上讲也是一种办法。这些和我们的教学指导思想与目标是分不开的。因为我们过去的教学方法主要是从教会学生一个动作来考虑的。

体育教学方法是教学活动的重要组成部分,在选择教学方法时,一定要坚持整体性的观点。也就是说,要看到各种方法之间的联系,也要看到教学方法与教学活动其他构成部分之间的联系。这样才能选择出最佳的教学方法,促进教学目的的实现。选择教学方法,要依据下列标准。

(一)了解学生、对教学方法进行钻研

教师对学生的知识、技术、技能基础,个性特征,体力、心理及智力的发展情况等进行了解。以此为基础,还应考虑学生在学习现代乒乓球运动理论与实践的再剖析过程中可能遇到的困难、问题,从而采取有效的预防措施。

对教学大纲进行研究,对乒乓球的教学目的及各章、节的教学目标进行明确,将教材体系及教材的范围和深度弄清楚;对教材进行钻研,对教材的重难点进行明确,对有关乒乓球运动的材料进行收集,并加以严密的组织。

考虑教法中具体包括怎样对教材进行组织,怎样对课的类型进行确定,怎样对每节课的活动进行安排,教学活动的开展应选用哪些方法等。此外,对学生的学法(预习、课堂学习、课外作业等)也要予以考虑。避免教学方法的单一与固化,尽可能采用多种教学方法进行教学。

(二)确定课的任务

教师只有全面熟悉和掌握课程任务,才能够抓住要点、做好备课工作,明确了课程的任务和预期达到的教学效果,以课程任务为依据进行教学要求的确定、课的组织与教法和运动负荷的安排。制定课程任务应该遵循准确、全面的原则。准确,指的是所制定的任务应与教学大纲和教学进度的要求相符,与学生实际相符,大部分学生经过努力可以完成教学任务;对于乒乓球基础较好和较差的学生,教师要注意按照区别对待的原则来提出不同的教学要求。全面,指的是不仅要有教育的任务,而且要有促进身体素质和技战术提高的任务,要让学生当堂分解和消化所学的内容,熟练掌握教师示范的动作。[①]

(三)安排教案的基本结构

准备部分:通常包括两方面的内容,即开课常规和准备活动。

基本部分:这是课的主要部分。应将教材的动作名称、要领等内容明确。

教学要求:教学重难点、易犯错误等在教材内容和教法、组织一栏写清楚。用文字和图片详细说明各项教材的练习组织形式和为下一个教材安排的准备活动。

结束部分:所采用的游戏教材应将游戏名称、方法和要求写清楚。

二、选择教学方法应考虑的因素

高校乒乓球有多种教学方法,既有一般的体育教学的方法,又有独具特色的针对乒乓球技能训练的方法,还有不同教师在教学实践中探索和发掘出来的新方法。选择哪种方法教学没有一定之规,需要教学根据学生特长以及实际教学情况,灵活把握,综合运用,选择比较适宜而有效的方法。

在实际教学实践中,教师理论功底越强、经验越丰富、对学生的情况掌握得越全面,越能够摸索出合适、有效的教学方法。也就是说,教师考虑的因素越多,选择出的方法使用价值越大,教学产生的效果也就越明显。根据体育教学的特点,合理地选择教学方法需要考虑以下

---

① 朱杰,王晓霞.现代乒乓球运动[M].兰州:兰州大学出版社,2010.

第五章 高校乒乓球课程教学方法的设计与优化

因素。

（一）教学大纲

教学大纲是以教学计划所规定的任务和时数为依据，对教学时数、教学内容和考核办法做出具体规定的文件。教学大纲是教学备课和授课的基本准则，一切准备和实施都应该依据教学大纲的要求。教学大纲的主要内容包括教学内容、教学时数、课程性质、课程目标、考核等。

教师在备课时，应以体育教学计划对乒乓球课程的要求为依据，对乒乓球课程的教学目标、教学任务、教学内容范围进行明确；并以乒乓球运动的特征、教学任务和总时数为依据，对教材具体内容进行确定，将乒乓球基本知识、基本技术的教学和技能的培养凸现出来，对教材内容的科学与系统性给予重视；还应该对教学时数进行合理的分配，有机搭配理论与实践的教学。基本理论、基本技术和基本技能是重点考核内容。选用客观且全面的考核方法，对学生的掌握情况进行检查。

（二）教学进度

教学进度指的是按照教学大纲的要求，在每次课中以一定的顺序合理分配教学内容和时数的教学时间安排，要体现出教学计划的完整性和连贯性。教师编写课时计划主要以教学进度为依据。

（三）教案（课时计划）

每个教师都应该设计出最适合的有个人特色的教案，以教学进度为依据而编写的具体课时教学计划就是所谓的教案。教师的教案中主要包括：每次课的教学任务、教学内容、教学要求、教学组织形式、教学步骤和方法、课的各部分和每个练习的次数、时间等。

教案的编写要求用简明的文字来明确每次课程的任务，提出具体的教学要求，严密组织课堂教学活动，选取符合实际且重点突出的教学内容，选择科学多样的教学方法，安排适宜的运动负荷，合理布置场地，落实安全措施。

第三节　常见的乒乓球课程教学方法及应用

教学方法的选择与运用是否正确,直接影响着教学任务的完成。教学方法应根据教学任务、教学内容、学生实际、作业条件等具体情况来确定,要有的放矢,灵活运用,讲求实效。乒乓球教学常用的教学方法有语言法、直观法、完整法、分解法、练习法、游戏法、比赛法、预防与纠正错误法等。

一、语言法

语言法是指在体育教学中,运用各种形式的语言,指导学生掌握学习内容,进行练习的方法。语言法的信息传递量比较大,能够从思想层面帮助学生建立动作概念、把握技术动作关键。在体育练习前,需要采用不同形式的语言法对教学要求、动作要领以及学习目标进行教授。在体育练习过程中以及练习完成以后,也需要采用语言法对相关问题及学习效果进行反馈。

在乒乓球教学中,运用语言法的形式有讲解、口令、指示等。通过讲解,说明练习的目的、方法及要求,指导学生尽快地掌握动作技术和技能。正确地运用讲解,不仅有助于学生掌握知识、技术和技能,而且有助于启发学生积极思维和对学生进行思想教育。运用讲解时应注意以下几点。

(1)讲解的要目必须明确,要有针对性。

(2)讲解的内容必须正确,不能够误导学生。

(3)讲解的语言必须清楚,让学生听得见、听得懂。

(4)讲解的时机必须准确,在课程实践中发现问题及时讲解,达到理想的教学效果。

口令和指示是用简洁的语言,以命令的方式来指挥学生活动的方法。在教学中,教师可根据情况灵活运用。在体育教学中运用语言法需要注意以下几方面的问题。

第一,精讲多练。体育实践课应该以学生运动参与为主要目标,在对体育动作进行讲解的过程中,要准确、简洁生动。在保障学生领会技术动作要领、了解练习要求的前提下应该尽可能简单、明了。

第二,及时反馈。在体育练习过程中,体育教师要采用口头评价的方式对学生的练习效果、动作是否科学合理做出及时评价,防止错误动作的重复、定型。

第三,鼓励为主。体育教学过程中,应该明确体育教学的主要目的,不以专业运动员的标准去要求普通学生。对于学生积极参与、及时改进、在技能学习过程中遇到困难等问题,都应该尽可能以鼓励为主。

二、直观法

直观法是指在体育教学中教师通过实际的演示或外力帮助,借助学生的视觉、听觉、触觉、肌肉本体感觉器官来直接感知动作的方法。

教具演示是通过挂图、图表、照片、幻灯等直观教具的演示所进行的一种直观法,有助于学生建立正确的动作表象,了解动作的结构和过程。电影和录像是现代化的教学手段,能使学生明确动作的进程,并可根据教学需要采用慢放或停顿,以加深理解,提高教学效果。定向是以具体的或形象的方向标志物,给学生指示动作的方向、幅度和轨迹等,使学生在完成动作时更具有直观性。

由于体育实践课中主要是体育练习动作的掌握,因此,动作示范教学方法运用得较多。在运用动作示范时应该注意以下几点。

第一,动作示范要有明确的目的,示范要正确。示范动作是向学生传授运动技术动作的主要形式,动作务必做到准确、熟练、轻快、优美。示范要体现出具体教学内容的特点,有利于保护学生的自尊,激发学生的学习热情,提高学生的学习兴趣。在进行动作示范时,如果动作较为简单,可以要求学生进行示范,适时纠错和表扬。

第二,正确选择动作示范的位置与方向。示范的位置与方向要根据动作性质、场地器材布局、学生队形、要求观察的部位、安全要求等进行选择。

三、完整法与分解法

完整法是指从动作开始到结束,不分部分与段落、完整地传授某种运动技术动作的方法。分解法是把完整的动作合理地分解成几个技术环节,针对技术环节逐一进行练习,在完成好每一个技术动作环节的基础上,将各技术环节串联起来完成整个技术动作的教学方法。它的优点是可简化教学过程,缩短教学时间,有利于更快地掌握动作。分解法一般在动作较复杂或学生基础较差的情况下采用。

四、游戏法与比赛法

游戏法能有效地发展学生的体能和智力,提高学生掌握和运用知识、技术的能力,加强学生思想、作风和意志品质的培养,是一种重要的体育教学方法。特别是对于中小学校的少年儿童,正确运用游戏法对完成教学任务具有更为重大的作用。

比赛法在乒乓球教学中有着重要意义。正确运用比赛法,能有效地提高身体素质和心理素质,增强技、战术水平和实战能力,培养优良的思想作风和道德品质。乒乓球教学中采用比赛法的形式是多种多样的,如教学比赛、测验比赛、针对性比赛、适应性比赛实战比赛等。

游戏法是在规则许可的范围内,充分发挥个人主动性和创造性,完成预定任务的方法。根据生理、心理机制及学生具体情况科学地运用集中注意力的游戏,而不像其他练习或多或少带有一定的强制性,学生乐意听从,因此它具有一定的实效性。在教学中适当地运用游戏法对完成某些教学任务具有重要的意义。运用游戏法应根据教学内容选择游戏方法。对某些教学内容有一定难度,或对学生来说有一定的危险性时,可采用转移游戏的方法。所以体育课教学时,对那些单调枯燥、学生兴趣不浓的教材内容,教师应充分利用体育游戏手段,引导学生参加各种练习,提高学生身体素质以及基本活动能力,掌握运用技术与技能,培养学生的优良品德与荣誉感,更好地完成教学任务。[1]

比赛法是指采用比赛的形式组织学生进行练习的方法,充分体现了体育的竞赛特点。运用比赛法能有效地提高学生身体素质,掌握动作技术、技能,以及在复杂条件下合理运用动作技术、技能的能力,有利于培养学生的意志品质和集体主义精神。比赛法的主要特点是具有竞赛性。比赛者情绪高涨,能促进比赛最大限度地表现出机体的机能。比赛法应在掌握基本技术的情况下进行运用,否则,将失去比赛的

---

[1] 姚蕾.体育教学论学程[M].北京:北京体育大学出版社,2005.

意义。

五、练习法

练习法是根据教学任务,有目的地反复做某一动作的方法,对完成教学任务具有重要意义。乒乓球教学中的练习法是多种多样的,主要的有重复练习法、变换练习法、综合练习法和循环练习法等。

重复练习法是在相对固定的条件下进行反复练习的方法。如反复进行某一单项技术的单线定点练习。

变换练习法是在变化的条件下进行反复练习的方法。如不断变换击球技术,变化击球的落点、旋转和节奏等练习。

综合练习法是将各种练习法结合起来运用的方法,它能够更好地适应练习内容,符合练习要求,对提高教学质量有重要意义。

循环练习法是教师根据教学要求,选择若干练习或动作,分设成若干作业点,要求学生在每一作业点上完成规定的练习内容和任务后,随即转到下一个作业点进行练习,做完中轮之后可再重复下一轮,如此循环往复进行练习的方法。循环练习法能够有效地增大练习密度和运动量,同时有助于激发学生的兴趣。在乒乓球教学中多用于提高身体素质的练习。

六、预防与纠错法

在教学过程中,由于各种原因,学生难免会产生这样或那样的错误动作。错误动作如不及时纠正,就会形成错误的动力定型,严重影响技术水平的提高。因此,教学中必须采取积极有效的措施,预防和纠正错误动作。教学过程中,教师应认真观察学生完成动作的情况,尽早发现问题,及时指出错误,并分析产生错误的原因,提出改进动作的方法,帮助学生尽快改正错误动作。教师观察和分析动作时,可从击球的技术质量、击球的基本环节、击球的动作结构等方面去发现问题,找出错误。为此,教师具备较丰富的乒乓球专业知识和实践经验,掌握观察分析技术动作的规律和方法,对提高教学质量具有重要意义。例如,在教授急行跳远的起跳技术环节时,为了促使练习者掌握好起跳腾空高度,可以在沙坑相应的上空放置竹竿,使练习者在起跳时手能够触摸到竹竿来提示其起跳高度。

预防和纠正错误动作,首先要正确分析产生错误的原因。产生错误动作的原因一般有以下几个方面。

(1)学习目的不明确,学习积极性不高,注意力不集中。

(2)对所学动作的概念不清,要求不明,或因受旧技能的干扰。

(3)学生的技术水平或身体水平跟不上教学要求。

(4)教学方法不妥,教学组织不当。

(5)教学环境和条件的不利影响。

针对产生错误动作的原因,可采取相应的预防和纠正错误动作的方法。

(1)加强学习目的性教育,加强心理训练和意志品质培养。

(2)提高运用语言法、直观法和练习法的水平,使学生建立正确概念,明确教学要求,防止和消除旧有错误技能的干扰。

(3)依据学生实际修订教学安排,调整练习难度,加强基本技术教学和身体素质练习。

(4)钻研教材、教法,加强备课工作。

(5)注意创造良好的教学环境,因地制宜地改进教学条件。

教师在预防和纠正错误动作时应注意以下几点。

(1)合理运用各种教学方法和练习手段,尽量防止或减少错误动作的发生。

(2)纠正错误动作要分清主次,抓住要害,对症下药,有的放矢。

(3)帮助学生纠正错误时,要耐心细致,循循善诱。

第四节　信息化技术背景下创新教学方法在乒乓球教学中的应用

乒乓球运动员技战术水平的提升离不开乒乓球教学与训练体系的逐渐发展和完善。随着理论和实践的丰富,乒乓球运动教学与训练内

第五章　高校乒乓球课程教学方法的设计与优化

容日益多样化,在不同的教学与训练阶段,针对不同的运动员,应当采取不同的、恰当的手段和方法,以达到最佳的教学与训练效果。创新是乒乓球运动得以不断发展的动力,本节分析了乒乓球运动教学和训练的创新发展,并探讨了乒乓球运动的创新教育理念。

传统的乒乓球教学存在过分重视教师在课堂中的作用、忽略学生能动性的提升、教学程序与教学方式比较僵化等不足之处。要解决这些问题,就需要改革和创新乒乓球教学方法,适当拓宽教学组织形式。下面介绍几种乒乓球教学的创新方法。

一、微格教学方法及应用

微格教学是一种规模小的微型教学方法,采用信息技术手段来探究与记录知识,强调通过重复训练来掌握知识与技能。微格教学方法的应用价值及重要作用体现在以下几个方面。

第一,采用智能化教学手段提高学习效率。

第二,具有示范性的微格教学适用于技能训练,而且反馈及时,有助于提高技能质量。

第三,促进师生互动,建立新型师生关系。

第四,微格教学具有示范性,利于动作技能训练。

下面分析微格教学在高校乒乓球运动技能教学中的具体应用策略。

(一)运用微格教学指导乒乓球动作技能训练

一般的乒乓球教学模式中,乒乓球教师采用传统教学方式来传授乒乓球理论知识,指导乒乓球技能练习,在教学与训练中使学生掌握乒乓球技战术,从而达到运动参与领域和运动技能领域的教学目标。而将微格教学运用到乒乓球教学中,采用信息化教学手段来细分教学内容,直观指导学生训练,并及时发现学生不规范或错误动作,严肃纠正,这个过程中学生学练情况和重要信息的反馈是实时性的,教师结合图像材料分析重要信息,发现并指出学生的问题,然后运用指导性语言帮助学生分析问题的成因,准确指出纠正的方法,以提高学生的动作技能水平。例如,教师用摄像机录制教学内容,引导学生观看录制视频,指明哪些是观察和学习的要点,哪些信息是不相关的,以提高学习效率。

微格教学方法的实施中对技术信息资源的利用恰到好处,大大提高了示范教学的效果,提高了教师对学生关于技能教学指导的效果,扩大了教学内容范围,将抽象、复杂的教学内容转换为容易被学生理解和掌握的具体的简单的内容,使学生在迅速领会重要信息后进行实践练习操作,提高了学生的反应能力和学习能力。

乒乓球教师实施微格教学方法,对传统教学形式做了转变,采用现代技术手段对教学内容进行了处理,使乒乓球动作结构更加细致,接近学生的认知水平,可操作性也大大提升。在借助信息技术手段下所进行的准确无误的示范与学生练习中的错误与问题形成了鲜明的对比,也使学生看到了自己的不足,师生共同解决问题,拓展学生的认知结构,提高学生的技术质量。

(二)运用微格教学促进学生乒乓球动作技能的正迁移

学生在学习新动作技能时,之前已掌握的基础知识和动作技能在此时发挥了重要作用,使学生快速掌握了新的动作技能,这便是动作技能的正迁移,如果之前积累的知识与掌握的技能制约了对新技能的学习,那么就是动作技能的负迁移。迁移是学习过程中很普遍的现象,要想让正迁移现象发生在学生学习乒乓球运动技能的过程中,就要求乒乓球教师善于采用恰当的教学方式,合理安排教学顺序,关注不同教学内容之间的内在联系。微格教学正是这样一种能够使学生在动作技能学习中发生正迁移的教学方法。

在乒乓球微格教学中,教师应正确引导学生对微格教案进行设计与编写,指导学生客观评价自己的学习情况,促进学生思维能力的提升,同时要使学生对乒乓球运动不同动作技能间的内在联系形成正确的认识,善于总结各项技能的关系,从而在学习新技能的过程中将已掌握的技能的正迁移作用充分发挥出来,将已有理论知识应用到实践中指导技能学习,从而提高动作技能的学习与训练效果。

(三)运用微格教学全面提升教学效果

利用微格教学方法指导乒乓球运动技能训练,有助于实现理论知识向实际操作的转化,实现抽象向具体的转化,促进教与学形成有机整体,推动师生进步与发展,即使教师的引导作用得到强化,也使学生的训练质量得到提升,从而既提高了教的效果,也提升了学的效果,全面提升了乒乓球教学的整体效果。

在乒乓球运动技能教学中运用微格教学法,对教师的教学技能提出了较高的要求,也强调对学生学习主体地位的尊重,教师要让学生认识到学习动作技能及相关理论知识的重要意义,并能在微格教学中自主分解知识,在实践操作中将理论知识(包括抽象和具体的知识)融入其中;实现理论与实践的有机结合,达到预期的教学目标。

(四)运用微格教学调动学生学习主动性

将微格教学运用到乒乓球动作技能教学中,要求乒乓球教师对一定的问题情境进行设计,引导学生从不同思维角度思考问题,引起学生对新教学内容与已掌握知识在认知上的冲突与矛盾,使其思考已有认知结构的形成过程和完善方法,将其学习积极性激发出来,以实现教学目标。创设问题情境能够给乒乓球课堂教学带来疑问和悬念,使学生带着好奇心去积极探索问题的答案,学生在动作技能训练中思考问题、分析问题、解决问题的整个过程可借助多媒体教具记录下来,然后引导学生通过观看录像找出自己在练习中有哪些不足的地方,在接下来的练习中有针对性地解决自己的问题,完善自己的动作技能,提高自己的动作质量与训练水平,使乒乓球运动技能教学更加规范,达到预期的运动技能目标。

二、微课教学方法及应用

微课是以教学目标和教学要求为依据,以视频为载体对课堂教学中的全部活动(教师的教学活动、学生的学习活动以及师生互动活动)进行记录的教学方法。微课教学法具有教学时间短、教学内容精简、注重师生互动等特征。微课教学方法的应用价值及重要作用体现在以下几个方面。

第一,促进学生学习效率的提升。

第二,改革传统教学模式中落后的因素,提高教学模式的应用价值。

第三,对零碎的教学时间加以整合,提高课堂时间的效用效率。

第四,尊重学生的主体性,提高教学的针对性。

第五,及时帮助学生纠正错误动作,规范动作。

下面具体分析微课教学方法在高校乒乓球课程教学中的应用策略。

(一)重视微课教学平台的建立

不同高校的教学条件有差异,在教学硬件与教学软件方面都有充分的体现,各高校在建立微课教学平台时,要选择符合本校教学条件的多媒体手段,微课教学既要体现出现代性、有效性,也要讲求经济便捷性。一般来说,在班级大家庭中建立微信群能够很便捷快速地构建微课教学平台,教师将微课教学视频分享到班级群中,学生借助多媒体手段自主学习。在微课教学平台的构建中,要根据实际情况来投入相应的硬件和软件装备,由专业人员负责管理这些教学设施,每次使用前做好调试工作,并加强维护,提高利用率,延长使用寿命。

(二)科学进行乒乓球微课设计

高校乒乓球教师进行乒乓球微课设计一定要科学,乒乓球微课设计的科学性主要体现在完整、系统、规范三个方面。

(1)完整设计

在高校乒乓球微课设计中,要以学生为主体确定方案,制定教学目标明确、内容完整、重点清晰、难点突出、能够充分调动学生学习积极性的微课视频。[①] 微课设计的完整性主要体现在组织结构的完整性、技术内容的完整性两个方面,其中技术完整性教学是分解教学的升华,有的技术适合直接采用完整教学法,有的技术适合先采用分解教学法,但最后一定要过渡到完整教学上。

(2)系统设计

设计乒乓球微课,要树立现代化的教学理念,以学生体质健康、终身体育锻炼为目的而对教学内容进行系统性梳理,由点到面,由零散到整体,精心进行系统化的微课教学设计。

(3)规范设计

微课乒乓球课程结构精炼,内容单一,微课设计看似简单,实则非常专业,在设计过程中,乒乓球教师一定要确保方案中的每个元素如文字、图片、视频、动画等都准确无误,符合教学内容,如果存在失误,哪怕

---

① 龚涛. 微课在高校乒乓球课教学中的运用刍议[J]. 才智,2020(20):132–133.

第五章　高校乒乓球课程教学方法的设计与优化

是很小的失误，都会给乒乓球微课教学质量带来不好的影响，因此规范化进行乒乓球微课设计是非常重要的。

(三)注重对微课视频教程的拍摄及运用

微课是高校乒乓球教师进行教学的一个现代化方式，除了对微课的直接运用外，教师也可以对自己的教学过程进行拍摄，制作微课教学视频，将自己的教学经验和技巧分享给其他教师，同时主动向其他教师学习经验，借鉴其他优秀教师的教学案例来组织教学，在教学资源与经验的互换中达到更好的教学效果。

教师拍摄自己的教学视频并计划将此作为教学案例分享给其他师生时，要特别重视教学的专业性、规范性与准确性，如用专业术语讲解，示范优美准确，指导学生时认真耐心，让学生将自己的学习成果展示出来，以体现良好的教学效果。如果条件允许，可以邀请专业乒乓球教练员或运动员从专业的视角拍摄视频，以提高拍摄质量。微课视频的分享为高校教学资源最大程度的共享提供了可能。为了使微课视频的应用价值得到进一步提高与充分发挥，高校可以举办校际教学研讨会或分享会，优秀乒乓球教师汇聚一堂共同进行专业教学的研讨，以制作出更精彩、专业、高质的乒乓球微课教学视频。

(四)在微课教学中把握教学难点

乒乓球运动中有些技术相对复杂一些，对大学生来说学习起来难度较大，而将教学难点作为微课教学的主要内容，可以通过视频回放来使大学生观察高难技术的动作细节，使其逐步掌握复杂技术，提高乒乓球运动水平。在乒乓球微课教学中可以实现对教学难点的准确把握，使学生按照视频内容与提示一遍遍演练，直至达到像视频中呈现出来的动作质量要求。在学生对照视频演练的同时，乒乓球教师还要继续深化理论讲解，使学生在理解的基础上掌握乒乓球技术，提高练习效果。在微课教学中，还可以组织学生自由讨论，发表关于微课教学的看法，从而为完善微课教学提供思路，使微课教学真正服务于广大学生群体。

(五)在微课教学中增加互动

在乒乓球微课教学中，为了提高学生的思想注意力，使其将注意力全部放到课堂中来，教师要主动与学生互动，调动课堂氛围，将学生的学习积极性和热情也调动起来,使所有学生都真正参与到信息化教学中。在微课教学中增加互动的方式有线上回答学生的问题,回复学生的评论,与学生在线沟通学习技巧,利用互联网平台使学生充分发表自己的观点,陈述自己的问题,耐心帮助学生解决问题,尊重学生的个性,同时引导学生之间的互动,提高学习的趣味,充分贯彻寓教于乐的教学原则。

(六)加强传统教学与微课教学的有机结合,构建一体化教学模式

在信息化技术背景下,微课教学作为现代化教学方式在高校乒乓球教学中得到了有效的运用,但要注意的是,乒乓球教学中要紧紧结合教学实际来展开教学工作,不能脱离实际情况,而且教师要把自己的教授活动与学生的学习活动紧紧联系起来,而不是只给学生呈现视频案例就可以了。另外,在运用现代化教学方式的同时不能忽视对传统教学方式的继续运用,传承下来的传统教学方法一定有其可取之处,所以要取其精华,将其与现代教学方式结合起来使用,实现传统与现代教学方式的有机互补。

乒乓球运动教学对大学生的运动感知能力提出了较高的要求,因此在设计微课并运用这一现代化教学方式时,要加强线上教学与线下教学的有机结合,线上给学生呈现生动精彩的教学视频与真实案例,使学生了解乒乓球理论与技战术,并认真观察细节动作和难度动作。线下学生要不断练习来达到视频中要求的标准,并将所学理论与技战术运用到实践中,以实现理论的升华与技战术水平的提升。

分层教学、情境教学等是常见的线下教学方式,这些教学方式都适合与微课线上教学方式结合起来运用,这样既能提高学生对微课教学的兴趣,也能提高学生线下练习的积极性。因此,在高校乒乓球教学中,充分发挥线上线下教学方法的优势,构建线上线下相结合的乒乓球教学新模式具有重要意义。

(1)探究式教学方法

探究式教学方法是指教师精心指导学生,使学生充分发散思维,能积极主动地探索新的知识点与运动技能,罗列出发现的问题,带着问题听教师讲解或独立将问题解决。

探究式教学要求教师积极支持与鼓励教学过程中学生表现出的发散思维,培养学生勇于探索的精神,引导学生在探索中获得新的感受,

学习新的运动技能。对具备一定技能基础的学生来说，探究式教学方法有着重要作用。例如，在乒乓球球性练习中，这类学生通过探究学习使思维得到分散，既可以用拍面颠球，又可以用拍框颠球，提高了颠球的趣味性，更有利于掌握乒乓球的球性。

（2）互动式教学方法

传统的乒乓球教学方法中，"教"是教师的主要职责，"学"是学生的主要职责，师生间有着十分明确的主客体关系，两者之间缺少互动与合作。而互动式教学法要求教师对学生在学习中的主体地位予以充分尊重，在课堂教学中鼓励学生积极参与其中，营造和谐、民主、愉悦的教学氛围，使学生在学习知识与技能的同时能体验到学生的乐趣。

在乒乓球教学中，如果学生的技术水平相差较大，教师可以让技术水平相对较高的学生使用不擅长的左手击球，训练和提高他们的反应能力，而技术水平相对较低的学生会变得更加自信，这样就可达到"双赢"，使双方在轻松愉快的教学过程中提高技术水平。

第五节 高校乒乓球课程教学方法优化的原则与策略

高校乒乓球课程教学方法的原则与策略是体育教学活动的核心问题，是组织教学的理论依据。科学分析、认识高校乒乓球课程教学方法的原则与策略，无论是对教学理论的发展还是对教学实践的指导都具有十分重要的意义。通过对高校乒乓球课程教学方法原则与策略进行分析，目的是更清晰地认识和运用教学方法，进而通过对高校乒乓球课程教学方法原则与策略的优化来提高教学效果。

一、高校乒乓球课程教学方法优化的原则

体育教学原则是实施体育教学最基本的要求，是保持体育教学性

质的最基本因素,是判断体育教学质量的基本标准。体育教学原则是体育教学理念的具体化,也是体育教学最本质的要求,体育教学原则集中反映了体育教学特征的基本内涵,是联系宏观层面的体育教学理念与具体体育教学方法的桥梁。

体育教学原则是一般教学原则在体育教学过程中的应用,体育教学原则的确立及应用必须紧密结合体育教学的以下特点。第一,体育教学过程与身体活动紧密相连;第二,锻炼学生身体是体育教学的主要目的;第三,教学组织形式更加复杂、多变;第四,体育教学环境相对开放,不可控因素较多。

(一)身心全面发展原则

身心全面发展原则是以体育教学目的为依据派生出来的体育教学原则。具体要求为:首先,体育教学既要发展学生的体能,也要通过体育活动发展学生的智商和情商。其次,身体教育作为体育教学的主要特点,决定了体育教学必须全面发展学生各项身体素质而不应该有偏废。按照这一要求,体育教师在教学内容的选择方面要充分考虑学生各项身体素质的协调、全面发展。

(二)从实际出发原则

体育教学应该根据现有的体育教学条件,采用多样的教学方法,争取最大限度地实现体育教学目标。从实际出发,要求体育教师在体育教学过程中充分分析学生、体育教学条件、体育教学目标等教学要素,在此基础上发挥自己的主观能动性,科学安排教学内容、设计教学组织形式。

(三)自觉性和积极性原则

体育教学以学生的切身参与区别于其他课程。在体育教学过程中应该遵循自觉性和积极性原则,通过教学环节的科学设计吸引学生参与到体育活动过程中来,充分调动其体育参与的自觉性和积极性,这是保证体育教学目标能够实现的前提条件之一。

(四)直观性原则

体育教学中,学生模仿体育教师的示范动作,从而参与体育项目。

第五章　高校乒乓球课程教学方法的设计与优化

这就要求在体育教学中,教师应该在讲解与示范的过程中更加突出示范,以保证体育教学的直观性,特别是对于模仿能力较强的中小学生而言,更应该如此。在遵循直观性教学原则时,要注意示范动作的准确、示范面的合理选择等方面。

(五)循序渐进原则

循序渐进原则是根据人的认识事物的规律、动作技能形成的规律、人体机能适应性和生理机能活动能力变化规律提出的。因此,在安排体育教学内容和组织教法时,应遵从由简到繁、由易到难的原则。在安排每个项目、每次课、每学期的教学内容和教法时,都应前后衔接,逐步提高。安排课的内容与教法时,不仅考虑课与课之间互相影响,还要考虑动作技能的迁移和身体素质的迁移,以及技能与素质之间的相互影响。应先做好准备活动,练习的速度、力量和幅度等一定要由慢到快,由小到大。当动作技术尚未掌握时,一般不要进行下一个动作的练习。

(六)安全性原则

安全性原则是指在体育教学中要使学生安全地从事活动的同时,对学生进行安全地活动的教育。由于进行身体活动时不可避免地存在安全隐患,因此合理进行活动是避免安全事故的前提。体育教师必须认真设想可预测的全部危险因素,在预测的基础上加以预防和消除。同时,要对学生进行安全运动的教育,建立运动安全的相关制度和提供必要的安全设施。

二、高校乒乓球课程教学方法优化的策略

体育教师从新手阶段发展、进步到专家型阶段是一个长期的过程。如果体育教师不加强自身学习并且在体育教学实践中不断提高的话,可能永远都达不到专家型阶段。因此,除了依靠时间积累、慢慢磨炼以外,体育教师也应该通过积极的手段与方法不断提升自己的体育教学能力。

(一)换位思考

在体育教学过程中,教师和学生作为教学的主体因素,都有自己

的想法与思考,两者的合作程度如何往往决定了体育教学效果的好坏。在体育教学活动中,学生需要理解、领悟体育教师的示范体育动作以及体育动作练习要求,而体育教师也需要根据学生的学习情况及其身心特征适时调整自己的教学方法。在我国,体育教学具有较高的课程地位,从小学到大学本科阶段,体育课程都是作为必修课程。因此,作为体育专业出身的体育教师,一般都有较为丰富的作为体育课学生的学习经验以及运动训练的经验。体育教师在教学过程中,要经常采用换位思考的方式来审查自己的教学方法以及教学水平。想一想:原来我们的体育老师是怎么给我上体育课的?作为学生阶段的我需要什么样的体育课?我们体育老师教学过程中有哪些优点和不足的地方?如果作为学生,我需要怎么样的体育老师和体育课?只要经常进行类似的换位思考,多从学生的心理需求进行考虑,就能更为透彻地反思自己的体育教学方法和水平,从而发现问题、不断改进。

(二)录像回看

俗话说:"当局者迷,旁观者清"。经常进行换位思考虽然必要,但换一个视角来阅读自己的体育教学过程,可能又会有不同的心得体会。随着现代科学技术水平的提高以及多种多媒体设备在体育教学中的不断运用,为我们的体育教学改进提供了较好的物质基础。采用摄像机拍摄自己的整个教学过程,回看琢磨自己在教学过程中的语言应用、示范动作、学生互动、指导以及教学组织方面的优劣得失,并且从另外一个角度来观察课堂上自己学生的参与程度、兴趣高低,据此不断思索、精雕细琢自己的体育教学过程,无疑能够较好地提高自身的教学能力及教学效果。

(三)同行评议

在体育教学过程中,每位体育教师的知识结构、教学风格、评价标准不可能完全统一。在进行体育教学的过程中,要多通过同行评议的方式来提高自己的体育教学能力及课堂的把控能力。对于新入行的体育老师而言,既应该虚心向前辈学习、用心体会,同时也可以在教学过程中相互观摩新入行的体育教师的教学过程。以此再对比一下各自双方的特点,同时换位思考——如果我是课堂上的他,对于同样的教学内容是否会采用同样的教学方法?是否还有其他可以提高的地方。通过

第五章　高校乒乓球课程教学方法的设计与优化

类似的同行评议及交流学习，也有利于体育教学水平的提高。[1]

（四）师生交流

学生是体育教学的对象，也是体育教学效果好坏的最有力的评价者，加强与自己学生的交流对于提高自身教学能力具有重要的意义。师生交流主要有两个方面的内容：一是普通的情感交流，跟学生建立起平等和谐的师生关系；二是通过交流了解学生的体育学习需求及对自己体育教学效果的反应，以此发现自己教学中存在的问题并积极改进。交流的形式则丰富多样，既可以在课前、课中、课后进行谈话聊天交流，也可以以课外体育活动为媒介，与学生一同参与体育项目。同时，还可以利用新媒体交流方式拉近师生关系，为体育教学创造良好的条件。

（五）坚持学习

随着知识更新速度越来越快，体育教师也应该紧跟时代步伐，坚持学习以不断提升自己的教育教学能力。虽然体育运动技术的更新相对较为缓慢，但是体育教学的教学方法及理念以及学生的身心特征变化较为复杂，应该及时了解相关的专业知识，保持自己在专业教学领域的与时俱进。与此同时，还应该多了解专业以外的其他知识。现在的学生接触的知识面和信息量都比较大，对事物的看法也有自身的观点，体育教师要想做学生的朋友，与其进行沟通，也必须不断加强学习、了解和接受新兴事物，只有如此，才能更好地促进自己的教学，从而保证教学效果。

---

[1] 杨海平，张新安，李方晖. 体育教育专业必备基础知识读本 [M]. 广州：广东高等教育出版社，2014.

第六章 高校乒乓球课程主体的发展与优化

学校在开展体育教育时,会深受体育教师和学生这两大主体的影响。体育教师只有具备良好的教学能力、教学素养等,才能切实依据学生的身心发展特点来开展体育教学,确保体育教学收到良好的效果。

第一节 高校乒乓球课程教学中的主体及相互关系

一、教学主导——教师

(一)教师的地位和作用

1. 体育教师是体育文化的传播者和体育文明的创造者

体育教师是体育文化的传播者,把前代体育文化精神传递给后一代,并在传承体育文化的过程中又不断地创造着新的体育文化,使之更适合于社会发展的需要,以保证社会主义精神文明和物质文明蓬勃发展。

2. 体育教师是人的社会化的促进者

教育是培养人的社会活动,因此作为体育教育的直接执行者——体育教师在体育学习的过程中也肩负着促进人的社会化的责任,即学生逐渐成长,逐渐适应社会的过程。在体育学习中体育教师对学生的身体和运动技能教育是传授生活技术技能的重要手段,在体育学习中学会如何与人沟通和接触,学会合作,体验各种社会角色,因此促进了学生的社会化。[①]

3. 体育教师是学生体育学习的指导者和合作者

体育学习过程是师生共同努力的过程,体育教师在教学过程中不仅是学生体育学习的指导者,指导学生学习运动技能,掌握练习方法,而且是学生体育学习的合作者。在学习中教师可以作为学生小组学习的一部分,与学生共同制订本小组的学习方法、学习任务和学习目标,教师在某些时候与学生是教学的双主体。

4. 体育教师是学生体质健康的维护者和发展者

体育课是以"健康第一"为指导思想的,体育教学目标的制定、教学方法的选择、教学内容的安排等一系列的教学活动都以此为出发点,因此体育教师尤为关注学生的体质健康,并以此为己任。同时在体育教学中以提高学生健康水平、增强学生体质为教学目标,发展学生强健体魄为衡量教学质量高低的标准之一,因此体育教师是学生体质健康的维护者和发展者。

5. 体育教师是学生完整人格的重要塑造者

体育教师在发展学生体质的同时将育人一并灌输。体育教学是塑造学生完美人格的重要途径,学生在体育教学中所接受的集体主义,合作精神、勇敢、顽强、坚韧不拔的意志品质是其他学科课程所不能给予的。在体育课不同的情境教学中,体育教师在潜移默化中通过竞赛、游

---

① 姚蕾. 体育教学论学程 [M]. 北京:北京体育大学出版社,2005.

戏、模仿练习、小组学习等方式逐渐改造和重塑学生的品格,是学生完整人格的重要塑造者。

（二）体育教师的职业特征

体育教师是与学生间互动性较强的职业群体。与其他课程教师的劳动相比,具有更大的复合性和变化性。

1. 教育性

体育教师首先是教育的代表。他们承载着体育文化,以适合学生发展的内容和形式对学生施加具体而丰富的教育。

2. 示范性

言传与身教是体育教师的主要劳动表现。这是由于体育教学过程首先是学生跟随教师学习各种活动的过程,体育教师通过准确、熟练的技术动作,向学生展示着体育的形式,传授着体育的要义。

3. 全面性

体育教师的工作性质要求他们具备全面的教育技能,不仅要进行身体方面的完整训练,还要对学生进行心智、品德、社会等方面的启迪,因此,体育教师的素质要求全面。

4. 活动性

体育教师的劳动是身心共同的过程。尤其是以身体活动为主的教育过程,是体育教师工作区别于其他课程的教师劳动的主要方面。

5. 社会性

体育教师的工作范围非常广,不仅包括在校的学生,也包括校内的其他员工,同时还可能包括社会上的各界人士。

（三）体育教师的工作任务及要求

体育教师工作的多样性,工作对象的复杂性,教学过程及教学手段的特殊性,决定了体育教师的工作任务繁重而复杂。

1. 完成体育教学工作

体育教学工作是体育教师的首要工作任务,是体育教师的本职工作。教书育人是教师的天职,因此体育教师要以完成体育教学工作为前提,接受其他的工作任务。体育教师在体育教学中要全面锻炼学生身体,增强体质,是学生能够学习和掌握体育的基础知识、基本技术和基本技能;对学生进行健康教育,培养学生良好的卫生习惯,达到最佳的健康状态;教学的同时对学生进行思想政治教育。

2. 组织课外体育活动

课外体育活动在学生体质发展中占有重要的地位。体育教师要根据学校实际情况,安排和组织好学生课外体育活动,以灵活多样的方式,引导学生参加,吸引学生参与,以不断提高和完善学生体育知识。

3. 培养体育特长生,带领学校运动队训练

学校中的运动队训练是学校体育工作的一部分,对提高学生运动技术水平,推动体育活动项目的开展起着积极的促进作用。体育教师能够在训练中发掘和培养体育特长生,发挥学生在体育方面的优势,指引学生学习和训练。许多优秀的运动员都是在学校被作为重点培养的对象而选拔,从事以后的训练的。各级各类学校还要组织学生参加不同级别的运动会,组成不同项目的运动队,由体育教师进行训练,学生所取得的成绩就是课余训练的结果。运动队训练工作在许多学校越来越受到重视。

4. 策划和组织学校运动竞赛

学校体育氛围的创造多半来自于学校各种运动竞赛的举办。体育教师担负着策划和组织学校运动竞赛的工作任务,无疑增加了工作的压力。由报名、分组、裁判等一系列工作组成的运动赛事安排是体育教师在为学生赢得良好的体育氛围的幕后奉献者。学生在观看体育竞赛的同时也寄希望于未来能成为竞赛者,为全校所瞩目,激发了学生的体育兴趣,为学生日后的体育学习奠定良好的心理基础。

5. 监测学生体质健康状况

体育教师在体育教学过程中,通过了解、熟悉每个学生的身体状

况,有选择、有目标地对每一个学生设定了锻炼的方案,并且在与学生不断交流和沟通中指出学生身体发展的不足,做好学生体质健康监测工作。每年的体育锻炼标准的检查,各个项目学习的测验,学生学习的进步幅度为体育教师监测学生体质健康状况提供依据。

6. 开发体育课程资源

体育教师不能仅依靠课本知识,还要凭借所学过的知识,多动脑、动手,开发新兴的项目和自制体育器材,将传统的体育项目引入体育课堂,创编和改造已有的教学内容,丰富体育课程资源,使体育焕发勃勃生机。

7. 建设校园体育文化

校园体育文化的主要建设者是体育教师,通过体育教师的思想、价值观,对学生培养教育的理念,学校体育文化建设和发展能够达到很好的程度,体育教师在建设校园体育文化的过程中也不断提升自己的思想和在学生心目中的地位。

二、学习主体——学生

高校乒乓球课程教学的主体是学生。学生既是体育教育的对象,又是体育学习的主体,是体育教育过程的主要参与者,体育教育效果的体现者。因此如何树立正确的学生观,激发学生体育学习动机,培养学生的体育兴趣和习惯,提高学生身心素质和体育能力等,一直是体育教育教学改革研究的重点。我们对学校体育与健康教育主体培养问题进行研究,旨在探索学校体育教育提高学生素质的新路子,促进学校体育与健康教育的改革发展。

(一)学生的地位和作用

1. 学生是体育文化的继承者和创造者

学生通过体育学习,不断汲取体育文化营养,在学习中又不断发挥创造自己对体育的理解和感悟,形成新的体育文化,实现体育文化的传承和创造,并将习得的体育文化传承。

2. 学生是体育学习的主体

学生是学习的主体。在体育学习中学生更多时候是作为被教育者,学习各种运动动作和技能,掌握各种锻炼方法,并根据所学知识自己设计增进健康体魄的计划和方案,实施计划,谋求身体健康发展,并为终身体育奠定良好的基础。因此,从这个意义上讲,学生是体育学习的主体。现代教学中学习的行为应该是主动的、积极的,学生所收获得多少取决于付出的程度和求索精神,并不完全取决于体育教师付出的多少。

3. 学生是体育教师的合作者

体育教学中教师有些项目动作的传授、完成需要学生的帮助,如篮球、体操、排球等项目等。教师在学生的帮助和配合下能顺利完成示范、讲解内容,学生形成清晰的动作表象,以进一步学习动作技术技能。

4. 学生的体育素养是体育教育质量的重要体现

学生的体育素养体现体育教学质量的高低。学生体育水平的高低,学习方法的掌握,都是教育的结果。教育对学生所传授的程度、学生学习体育知识的情况、学生体育行为的状况都反映出学生体育素养的水平。

(二)学生的本质及主体发展特征

学生在体育课堂上是学习的主体。既为主体,学生自然具备主体的基本属性。我们面对学生时,他们的面容、形态、言行、举止足以让人感受到他们富有活力的存在;他们是一个个客观的富有生命力的实体;他们渴望知识,企盼老师给予更多的经验、技能和欢乐;他们甚至像崇拜明星一样欣赏所有在他们看来美好的东西;他们为心中理想而学,设想用所学到的知识、本领解决所有人类未曾解决的问题;他们精于勾画理想蓝图的气质,可以使每个人都清晰地看到他们作为主体的活动意识性和强烈的成长需要。

教师如何实施有效的教学和学生如何积极主动地参与体育学习,重要的因素在于教师了解学生,首先要了解学生的身心发展特征及其主体特性。

第六章　高校乒乓球课程主体的发展与优化

1.学生是身心处于生长发育过程中（身心发育尚未成熟）的主体

他们是对自己身心变化体验集中而至深的主体。就主体自然结构的划分看，它由三种基本器官组成，即感觉器官、效应器官和思维决策器官。感觉器官主要包括眼、耳、鼻、舌、身，其作用主要是接受信息。效应器官主要包括手、足、口，主要作用是与外界进行相互作用，完成与外界之间物质和能量的直接交换。思维决策器官是脑，主要作用是加工整理所获得的信息，形成意图、方案、步骤，并在执行中调整它们。这三大部分构成了人体系统的完整结构。

学生时期，要经历个体发展的童年期（6～12岁）、少年期（12～15岁）、青年初期（15～18岁）和青年晚期（18～25岁）。十几年的学习历程就是他们身心不断走向成熟的过程。身体长高、骨骼变粗、智能增强等变化处处表现了他们在成长。

首先，就身体发育的形态总指标看，小学生身高、体重的发展，处于比较稳定的阶段，身高平均每年增长4～5厘米，体重平均每年增加2～3千克，胸围平均每年增宽2～3厘米。而初中阶段处于新的迅速生长时期，身高显著增长，平均每年增长6～8厘米，体重平均每年增加2～4千克，胸围平均每年增宽2～4厘米。高中阶段身体增长的速度逐渐减缓，到17、18岁时，他们的身高、体重、胸围、肌肉、骨骼都接近成年人的标准。大学阶段，则是奠定机体基础、发挥功能能力的造型和定型的时期。

其次，从他们的心理发展看，大学生感知能力在观察事物的目的性方面表现进步；注意力更加稳定，范围扩大；意义识记占据优势，有意记忆占主导；思维逐步摆脱具体的经验限制，可以运用概念、判断进行逻辑思维，独立思考能力大大增强，思维的独立性和批判性提高；世界观初步形成，对自然、社会以及人生诸多问题有了自己的看法。能将自己的学习与理想比较具体地结合起来。大学生在各个心理指标上都更趋向于社会需要与个人需要的结合，独立学习能力提高，思维更完善，将理想与具体的现实努力目标有机结合，选择性更强。

学生的身心发展似乎可以用"日新月异"来形容，他们的主体能力也越发提高。但即便到了大学阶段的学生仍然是一个尚未成熟的主体，他们是需要先人指引，需要具体辅导的主体，他们的意识和能力尚处于不完全自立的水平，他们的"羽翼"还不丰满，尽管他们自以为已经成熟，但实际上在许多方面都无法与成人相比，他们还不具备社会实践所需要的经验和技能，他们的判断力、自主性还有待提高。

2. 学生主体的发展程度主要来自于教育所施加因素的影响

作为学习主体的人，学生是兼具自然属性和社会属性的集合体。就人的本质而言，人是"一切社会关系的总和"。当然，在学生的成长过程中，其社会环境成分多样，以与父母交往为主的家庭环境，以邻里交往为主的街区环境，以老师、同学交往为主的学校环境，以及遍布社会每个角落的以大众传媒为主的信息环境，都与学生主体的身心发展密切联系着。但与各种环境的作用目的比较，不难区分出教育的影响起着主导作用。我们知道，教育的本质就是培养人的社会活动。教育的过程不同于人与物之间进行的生产活动关系，也不同于普通的人与人之间的社会活动关系，它是在教育者遵循教育发展规律帮助、引导下的由学生能动参与的使学生获得发展的社会活动，它有较强的目的性和计划性。由于教育的过程是一种对象性活动，即学生主体通过借助教师的帮助习得人类积累的经验成果，结合个体实践活动来提高个人的认知水平、技能。因此，在主体教育思想指导下的教育过程，规范着学生主体的发展模式。从这个意义上说，教育的根本目的应当是建构具有主体性的人。那么，学生主体的发展程度，直接来源于教育所施加因素的影响。

究竟教育对学生主体应当施加何种影响呢？遵循主体的发展需要，教育应通过具体的教学过程，在认知、评价、决策、实践四个种类上选择适合不同接受能力学生的目标和因素。教育能否发挥实际的作用，取决于教育思想以及在此思想指导之下的教学设计。在以往的教育过程中，由于对学生主体发展的研究和设计不足，有研究者指出了不利于学生主体发展的影响因素。

学生主体自主活动整体的缺失。教学的外在目的代替教学的内在目的，教材编写、课堂教学组织形式、教学过程等都是从教师如何教来设计，是学生适应教师的教，而不是教师的教适应学生的学，配合学生的学。造成学生学习被动，缺少自主活动。

学生主体非反映客体的活动形式的缺失。以学生主体反映客体的认识活动为主，把哲学上的认识活动简单理解为知识的学习和掌握，课堂以学习书本知识为主，以分数高低论成败。

学生主体间交往活动的缺失。师生交往独占型和师生交往主导型

第六章　高校乒乓球课程主体的发展与优化

居大多数,而学生之间在课堂中缺乏交往与合作,形成班级集体活动成为"孤独的集体活动"。

非理性活动的缺失。忽视学生的非逻辑、非条理化活动,如本能、需要、欲望、动机、希望、情绪、信念、直觉、想象、猜测、灵感、幻想等一些非理性精神和非理性方法。

如果将学习主体——学生的自身作为实在主体来对待,通过具体的教学有效地促进他们主体意识和主体能力的生成,就需要遵循教育规律,施加强有力的影响。

3. 学生是以接受前人经验为主的学习主体,是教育信息的能动接受者

(1)"学习"本是人之存在的必需

因为人是以个体生命的形式客观存在的,满足需要的活动是生命展现存在的意义。人若满足生存和发展两方面需要,要靠个体的体力和智力来共同实现,但在社会分工的社会体系中,仅仅依靠个体与生俱来的本领难以达到要求,于是,人必须借助"学习",不论是主动或是被动,甚至带有强制色彩的学习方式,都是为了获得与创造满足生物需要和社会需要的技能。从广义的角度理解,"学习"是指"经验和知识的获得",学习的重要特征之一就是"凭借经验引起的主体习得变化",意思为主体的变化是后天的结果,而不是先天反映倾向和发育成熟所导致的结果。当然,为获得经验的学习可以通过不同的手段、方式,也就是借助不同的实践活动。学生的实践活动则主要是以教材内容为客体,从而获得知识和经验的一种对象化活动过程。

(2)人的学习是一种知识和经验的获得

学生作为学习主体,他们的学习活动必定属于这个范畴。当我们论及经验获得种类的时候,可以判断,学生主体的学习过程主要是获得间接经验,而非直接经验。学生在较短的时间内接受前人经过世代努力的认识成果,他们认识活动的客体主要是既成的前人经验,这与人同自然、社会环境直接接触的对象化活动有相当区别。另外,学生获得直接经验过程只能作为一种辅助的认识活动,他们的体力和智力发展也限制了他们活动的认识程度和能力。即便是在今天,我们大力提倡发挥学生的自主性情况下,仍然要看到其中"度"的重要性,系统学习和掌握前人的精神财富,是日后创造性劳动不可或缺的手段,更是学生成为成熟主体,满足生存和发展需要的必要条件。

三、乒乓球课程教学中教学主导与学习主体的关系

在现代乒乓球课程教育中,师生关系变得越来越复杂,特别是随着"学生是学习和发展的主体"理念的提出,如何正确处理好教师的"主导作用"和学生的"主体地位"问题,就成了当前体育课程与教学改革中的一个热点。所以研究这个问题,对正确处理好"教"和"学"的关系很有意义。

(一)师生关系类型及特征

体育教师与学生是体育教学的一对基本矛盾,他们之间因教学观念和教学风格等因素的不同存在不同类型的关系。综合多种研究结果,根据教师与学生体育活动中的不同行动特征及相互作用的方式划分,师生关系表现为四种类型,即指挥—服从型、指导—合作型、友伴—促进型、应付—疏远型。[①]

1. 指挥—服从型

此种类型的师生关系中,教师是主宰,以命令的口吻要求学生完成这样或那样的学习内容,学生只有听从和服从。此类型师生距离很远,没有师生间的互动和沟通。

2. 指导—合作型

教师在此类型中是指导者,指导学生参加练习和学习,师生之间是合作关系,通过师生、生生间的互相合作完成教学任务。此关系类型师生之间和谐、愉快,促进体育教学秩序的顺利进行。

3. 友伴—促进型

教师和学生在此类型中是平等的友伴关系,在相互的学习和促进中分享运动感受和情感,交流体会,分享喜悦,在愉悦的氛围里完成教学内容。师生之间和谐、轻松地面对一切困难,教师和学生相互感染,相互影响,相互鼓励完成教育信息的传承和动作技术技能的继承,是理

---

① 姚蕾. 体育教学论学程 [M]. 北京:北京体育大学出版社,2005.

想的师生关系类型。

4. 应付—疏远型

教师对教学的态度是应付,学生与教师的关系疏远,没有相互之间的交流和沟通,教师没有满足学生的需要,学生也没有得到教师的关注。处于此种类型的师生关系是最可悲的,教师没有完成作为教育者的职业任务,学生也没有学到任何可促进其发展的知识。对学生来说,这样的体育教师是不负责任的。

体育教学过程中教师与学生的问题永远是值得探讨的话题。教师在自我完善过程所能达到的标准和学生对教师的期望的标准还有多少距离是每个教育工作者应该深深思考的问题。教师如何把握自己的角色定位和提高自己的社会地位是每一位体育教师义不容辞的责任。

第二节　高校乒乓球教师综合素质的培养与发展

学校体育教师是从事体育教育的工作者,在体育教育过程中起主导作用。体育教师主导作用的发挥对学校体育教育改革的设计、实施、效果评价等整个体育过程都有着重要影响。体育教师是学校体育目标的指引者,体育教育内容的选择者,体育教学组织方法的引导者,体育教育管理者。体育教师的素质与质量在一定意义上决定着学校体育工作的质量与效果。因此,体育教师综合素质的培养问题一直是学校教育关注的重点问题。

一、体育教师的角色

"角色"原意是"面具",指演员在戏剧或电影、电视中所扮演的具有一定性格的人物,后比喻为生活中某种类型的人物,用以表示社会中具有某种行为规范和行为模式的人及其由此带来的特定的身份和功能。

体育教师在社会中扮演着重要的角色,在学校里是多种角色的复合体。

(一)体育学习的促进者

体育教师在体育课程中以"健康第一"为指导思想,以学生发展为中心,关注不同水平的每一个学生,因人而异,尊重学生的需要,重视学生情感体验,指导学生掌握体育知识和技能,并在获得体育知识和技能的同时让学生学会如何发展各种素质和能力。因此体育教师对学生运动技能的发展起着直接的促进作用。学生体育兴趣的激发,运动习惯的养成也得益于体育教师的不断培养和引导。我国许多优秀运动员的启蒙教练都是体育教师,是体育教师指引他们走向辉煌之路。可见,体育教师对促进学生体育学习具有积极作用。

(二)教学过程的设计者

学生运动水平的高低、运动技能掌握的程度、身体素质提高的幅度都是教师在体育课堂中教育的结果,因此体育教师对体育课堂教学的设计至关重要。课堂内容的选择、教法的运用、教学环节的设计、教学细节的处理、学生情况的了解、场地器材的摆放,以及突发事件的预防都在体育教师的备课范围之内。如同一件设计精致美丽的衣服,一节精心设计的体育课会让学生受益匪浅,体验更多,思考更多,投入也更多。长期以来,我国的体育课堂教学中体育教师是真正的主宰,仅仅把学生作为教育的对象,忽视了学生的主观能动性。教师教什么,学生就学什么,体育课堂中学生根本没有思考。而建构主义学习理论指出,学习不是学习者被动地吸收信息,而是主动地建构信息的意义的过程。学生目前的体育学习还停留在"只要学会就行"的水平上,因此体育教师应在体育课堂中设计每一个细节,使学生真正成为学习的主体,真正领略到体育的风采,感受体育的魅力。[1]

(三)学习过程的参与者

体育课的特殊性要求教师不仅是作为教育者,而且是参与者,直接投入到与学生的游戏、学习和竞赛中,用自己掌握的知识和动作技能给学生以榜样,让学生能够形成正确的认知,指导学生感受正确的动作和

---

[1] 姚蕾. 体育教学论学程 [M]. 北京:北京体育大学出版社,2005.

第六章　高校乒乓球课程主体的发展与优化

纠正学生的错误动作,以保证学生形成正确的动作技能。

教师的积极参与激发了学生的体育兴趣。有研究表明,学生愿意在有老师参与的情况下参加体育活动。体育教师的言传身教在潜移默化中影响学生的学习,教师的积极参与也影响着学生对体育学习的态度和学习动机,学生能够在教师的直接参与下感受教师的关注和鼓励;教师在与学生分享自己的感情和想法时,与学生一起寻找学习的规律、方法,发挥学生的主动性,体育学习逐渐由被动变为主动。体育教师在参与过程中所表现出来的良好的意志力和高超的技术技能是学生争相模仿的目标。

(四)学习活动的组织者

体育教师在学生的学习活动中要根据教学要求和学生学习情况不断地组织个人和小组学习,以保证课堂内容和任务的完成。通过个人练习,同伴相互学习,小组合作学习,学生在体育课堂上的多样活动方式能够培养学生独立精神、合作精神和集体主义精神。然而学生在体育学习活动中表现出来的好动和不可控性,也要求体育教师要时刻关注学生的学习变化,及时调整教学方案,合理安排教学时间,处理各种事件。组织学生参加不同环境下的练习是体育教师必备的能力,有良好的大局观,把握学生学习活动中的节奏,需要体育教师有很好的组织能力。研究表明,学生喜欢在课堂气氛好的情境下进行学习。因此教师在组织课堂的过程中要重视体育课堂气氛的调解,学生的积极参与势必提高体育学习状态,所以体育课教学质量的好坏与体育教师对体育课堂的把握和课堂组织密切相关。

(五)课程资源的开发者

任何事物的发展都是不断前进的过程,体育课程的发展也不例外,因此对体育课程资源的开发与利用是体育教师义不容辞的责任,也是课程资源开发不可推卸的必然的承担者。体育课程改革和创新离不开体育教师的努力,一个内容的转换,一个游戏的创编和改进,准备活动的改变,甚至课堂常规方式的变化都是体育教师不断研发的结果。体育与健康课程给广大体育教师提供了广阔的发展空间,体育教师可以根据实际情况开发适宜本学校、本地区的课程内容和场地器材,从改造传统项目入手,挖掘民间传统体育,引入新兴运动项目,充分利用自然资源,扩大体育课程内容,以满足学生身心发展和日益增长的文化的需要。一些新兴的项目如轮滑、街舞、独轮车、野外生存等项目陆续进入学校体育的内容。一些教师也根据本地区和学校的实际情况在学校设立了攀爬墙、多功能栏架、联合训练器械等体育器材供学生练习,为更好地发展学生体质,锻炼强健的体魄,不断学习和创造。学校体育的发展和壮大也离不开体育教师的不断努力和开发创造,体育教师要敢于革新思想,反思教学情况,开发更多的课程内容和资源。"态度决定一切",没有做不到,只有想不到,体育教师在课程发展方面要充分发挥其潜力。[①]

二、体育教师综合素质的培养

体育教师如何扮演好所承担的角色,是关系体育教师职能发挥至关重要的内容,因此体育教师的综合素质的培养要从以下方面入手。

（一）以学生为本,做学生的良师益友

教育是培养人的社会活动,学生的发展是教育的最终目标。体育教师在体育教学活动中要充分考虑学生的需求,尊重学生的需要,以学生为本,以"健康第一"的指导思想搭建自己具体的教学目标,充分发挥学生的主体性,了解学生的真情实感,做学生的良师益友。对学生友好、热情、公正、平等、民主,发展良好的师生关系,创造良好的教学氛围,保证教学活动顺利进行。

（二）把握体育教学的规律,教学设计体现个人风格

体育教学遵循一定的规律。体育教师在体育教学中要按规律进行教学,按照学生学习的规律进行知识的传授。把握科学的进程有利于体育教师教学质量和教学效果的提升。同时体育教师在进行教学设计时要充分发挥个人的主观能动性,巧妙设计教学环节,体现个人教学风格。学生在学习中对教师期望也要求教师要在体育教学中的情感投入。

---

① 姚蕾.体育教学论学程[M].北京:北京体育大学出版社,2005.

第六章　高校乒乓球课程主体的发展与优化

（三）改善课堂管理，科学选择教学策略

体育课堂虽小，却是一个特殊的社会舞台。良好的课堂管理不仅有助于维持良好的课堂教学秩序，防止和制约问题行为的出现，而且有助于学生潜能的激发和释放，引导学生从事积极的学习活动，提高学习效率。因此改善课堂管理，逐渐减少课堂问题行为和混乱事件的发生，需要教师在课堂管理上科学地选择教学策略，公平地对待每个学生，并且根据学生的不同心理特点、与教师的亲疏关系、学生自身的实际情况等因素制定教学策略，在保证学生发展的前提下，教书、育人同时进行，调节良好的课堂气氛，优化教学组织，保证课堂教学顺利进行和提高教学质量。

（四）提高科学素养，洞悉体育课程特点，学会创新性劳动

教育的发展最终是人的发展，学生的发展离不开教师的培育。学生在体育学习过程中所收获的能力和品质的提高离不开教师的培养，"要想给学生一碗水，教师要有一桶水"，可见教师自身的知识和能力储备非常重要。因此教育的发展也要求教师不断地发展，逐渐提高自身的科学素养，在基础教育改革中洞悉体育课程特点，不能停留在固有的观念上，要跟上时代的步伐，学会学习、学会创新，能够在不断的创造中发展自己的教学理念、教学方法，做好自己的角色定位。改变固守在人们头脑中体育教师"头脑简单，四肢发达"的印象，更需要体育教师不断学习，夯实文化基础，以丰富的文化底蕴扭转局面，博得更广泛人士的肯定。[1]

教师的综合素质的培养不是一朝一夕的结果，它需要体育教师从内心深处真正意识到所承载的角色的重要性，逐渐进行角色高度融合，发挥其主观能动性，逐渐提高角色定位。

---

[1] 姚蕾. 体育教学论学程 [M]. 北京：北京体育大学出版社，2005.

第三节　高校乒乓球课程教学对学生能力的培养

体育学习是学生学习内容的重要方面。然而,在传统应试教育观念的影响下,学校不重视体育教学,学生不主动进行体育学习,这严重影响了人才培养的质量。因此,我们有必要针对学生体育学习能力的培养问题进行研究,这对强化学生体育意识,提高学校学生对体育的认识,促进学校体育教育改革,培养全面发展的高素质人才具有重要的理论价值和实际意义。

一、影响学生体育学习的因素分析

(一)学习心理

学习心理是指学习者因经验而引起的持久的行为能力和心理倾向性的特征。学生体育学习心理就是在以往的体育学习中形成的一种心理状态,这种心理严重影响着学生的体育学习。长期以来,在我国重文轻武的应试教育观念的影响下,学生在体育学习中形成了一种不良的体育学习心理,这种心理导致了学生的一些不良体育学习行为。例如,学生厌烦体育学习、逃避体育课程、不参加体育锻炼、不良的体育学习心理和不良的体育学习行为,降低了体育教育效果,制约了学生身心素质提高。

(二)学习态度

G.奥尔伯特认为:"态度是根据经验而系统化了的一种心理和神经的准备状态,它对个人的反应具有指导性或动力性的影响。"他的研究着重于态度是个人行为的内在结构或强调态度是个人行为的倾向性,它是对个人行为一贯地、有规律地发生作用的心理结构。M.米洛开奇认为:"态度是一种具有结构和组织的复杂的认知体系。"他把态度理解为个人对事物的内在信念的总评价,强调态度是一种认知体系。M.谢里夫认为:"态度是生物有机体对于对象和现象发生反应的准备状态,使个体的反应带有选择性、方向性以及一定的持续性。"由此可见,态度由认知、情感、行为意向三个因素组成。态度是一个比较持久的个人内

第六章　高校乒乓球课程主体的发展与优化

在结构,是外界刺激与个体反应之间的中介因素。而个体对外界刺激做出的反应受自身态度的调节。

个人体育学习态度的形成与自身接受的体育教育密切相关。体育学习态度的形成受多种因素的影响,并经过长期孕育。这个形成过程是一个不断循环的反复过程。

第一,当体育学习态度处于服从阶段时,体育行为不是自觉行为,而是在某种压力下被迫采取的行为。例如,绝大部分学生对体育学习并不是出自真心感兴趣,而是把它当作考试需要。由于缺乏自觉性,因而学生的体育学习行为缺乏长期性和坚持性。

第二,当体育学习态度处于同化阶段时,体育行为不是在外界压力下形成与转变态度,而是一种自愿行为。这一阶段的体育行为虽有了自觉性,但不稳定,仍缺乏经常性。心理学研究表明,同化能否顺利进行并能积极转化,关键要提高外界影响力和学习对象的吸引力。我们可以调整课程设置、改变教学方法、更新体育设施、丰富体育活动等,帮助学生提高兴趣,从而发自内心地热爱体育。

第三,从服从到同化,再到内化,这是一个复杂的过程。并不是所有的人都能完成这个转化过程。为了完成转化过程,就需要进行教育。态度决定行为,个人的态度与其行为具有较高的一致性。有学者对学生的体育活动次数与相应的体育学习态度做了详细的统计,并对两者进行了相关性分析。分析结果显示,学生的体育活动次数与相应的体育学习态度具有高度正相关,相关系数为 0.95。心理学研究表明,人们对一个事物的价值的认识和理解以及对这一事物的感兴趣程度极大地影响着人们对这一事物积极的态度和行为。理性认识和感性体验相互吸引、相互作用,共同发挥行为的动力作用。只有这样,行为才能具有很好的稳定性和坚持性。

(三)课堂教学

现代教育的发展,教学改革的不断深入,必然要涉及教育思想、教育观念的转变。旧的"三中心"教育指导思想已不适应社会发展的需要。长期以来,我国学校体育课无论是大学、中学、小学,均为一贯制,教学内容、教学形式基本相同,大喊"改革、创新",但说归说,没有充分发挥学生在教育过程的主体作用,教学内容选择上也存在片面性。有些老师的体育观念陈旧理论知识贫乏以及体育教学形式等没有进行改革,体育教学单调无味，影响了学生的体育学习兴趣。

（四）学校体育氛围

体育氛围是指学校体育环境、学生体育热情、参与体育活动的积极性、主动性等。许多学生认为体育氛围对学生参与体育活动，提高体育学习的积极性等有重要影响。体育氛围具有感染力，能够对学生产生潜移默化的影响，从而促使其提高体育学习的积极性和自觉性。

二、培养学生体育学习能力的对策

（一）制定课堂规则，形成课堂惯例

学生参与体育教学过程，需要有一定的制度为管理的标准。因此在学年初或学期初体育教师和学生共同商定相互认可的课堂规则，培养学生遵守规则的诚信精神，形成课堂惯例，使学生明确课堂的各项要求。

（二）学生相应权利，完成小组学习任务

学生在参与的过程中，没有一定的权利将无法有效地开展工作，因此教师要给予学生相应的权利。在小组学习中，充分发挥学生的主体性，根据本小组成员的实际情况，制定本单元或本节课的学习目标、学习方法、学习次数、时间等因素，以保证每位小组成员都能按时完成教学任务，身体得到锻炼和发展。

（三）制定奖惩原则

学生参与管理，需要有公平、公正的环境为保证，因此在学生参与前要制定恰当的奖惩原则，使学生明确强化的作用，感受奖励的乐趣，保证教学任务的顺利完成。

（四）学生相互监督

即使是优秀的教师也不可能面面俱到地关注每一位学生，因此学生间的相互监督在体育教学中显得非常重要。通过学生的监督，提示有偏差行为的学生及时改正其学习行为和态度，回归正确的轨道进行学习，已完成学习任务和达成学习目标。

第四节　高校乒乓球课程主体优化的策略

学校教育的两个主体是教师和学生,对教师的教学情况和学生的学习情况展开调查分析,找出不足之处并进行优化,对于提高教师教育专业能力、提高学校教学质量、促进学生全面发展都具有十分重要的意义。

一、加强乒乓球师资力量建设,增加教师数量,提高青年教师教育能力

在实践过程中发现一些学校教师数量严重不足,甚至达到影响到乒乓球课程正常开设的地步,这是因为由于教育行业竞争压力大,高校在招聘教师时会将招生条件提的较高,大部分人只能望洋兴叹。为了缓解这种现象,学校在招生过程中适当放宽条件,以免产生教师数量不足却招不到教师的情况。学校要想保证教学质量,需要将师生比控制在合适的比例范围之内。在乒乓球课程教学过程中还发现一些高校乒乓球教师年龄结构较不合理,青年教师居多,中年和老年教师较少。虽然青年教师与老年教师相比,能提出新的观点、接受新的事物、富有激情,但是,缺乏老年教师丰富的阅历以及教学经验,而且,长此以往会导致青黄不接的现象发生。为了阻止产生此类现象,可以采用以老带新的方式,形成"传、帮、带"的形式,即传师德、帮教学、带科研,快速提高青年教师的教育能力以及对教学方向的掌控能力。①

二、采用多种形式改善教师职后培训情况,加强教师继续教育

相关调查研究发现,由于教师教学任务以及家庭生活占据了教师大部分的精力,一些高校乒乓球教师,特别是青年教师,参与职后培训

---

① 程飞.高校乒乓球教学中对专项学生能力培养的研究[J].科技展望,2016,26(05):206.

的情况不容乐观。加强教师培训不仅促使教师更新知识体系,学习新技术、新方法,以适应高校教育不断发展,也能为祖国培养栋梁之材,是提高民族素质基石的需要。这不仅有利于提高教师综合素质,形成良好的校风,而且有利于提高社会整体教育水平。

由于体育教学的特殊性,教师一般都具有较高的技术水平,能够满足教学需求,但是在理论知识、教学组织、教学观念等方面还需要进一步的提高。研究认为可以从以下几个方面入手。

第一,教师自身要树立不断学习的意识,善于运用各种学习途径,以提高自身理论水平;学校要定期对教师进行考核,促使教师不断学习,避免教师安于现状、止步不前;建立奖惩制度,对于那些不断学习,不断提高自身业务水平的教师进行奖励,既有利于激励教师继续学习的积极性,又有利于形成良好的风气。

第二,聘请学校教育专家进行专门的指导或培训。采用高校联合集中各专业教师的形式组织研讨会,互相交流在教学方面的心得,指出优势与不足,并由专家进行讲解,示范前沿科学教学成果。

第三,组织观摩课的学习,观摩的课程并非一定是体育教师的课程,也可以是其他专业的课程。教育行业息息相关,学习其他优秀教师对课堂时机的把握以及课堂氛围的调节,不断提高自身教学组织能力。

第四,学校要尽可能多地提供给青年教师进行培训的机会以及学习的平台,这样才能使青年教师快速成长起来,并能独当一面。同时这也更有利于提高学校的吸引力,源源不断吸收新鲜血液,逐步提高学校教育质量以及学校知名度。[①]

三、引导学生树立正确的体育学习观,逐步养成体育锻炼习惯

学生在进入大学之前,如果没有养成体育锻炼的习惯,那么在大学期间这种习惯就很难再形成。进入大学之前,学生学习以文化课为主,大部分的体育参与仅仅只是在体育课堂当中,误使学生认为体育这门课程并不重要。现在国家高度重视体育在促进人的全面发展方面的

[①] 程飞. 高校乒乓球教学中对专项学生能力培养的研究[J]. 科技展望,2016,26(05):206.

第六章 高校乒乓球课程主体的发展与优化

作用,特别在前几年大学生体质不断下降的时期,教育部发行一系列文件、采取一系列措施来改善这种情况。但是,外力始终不是解决问题的主要手段。要想从根本上解决这一问题,还需要引导学生树立正确的体育学习观,在课堂当中让学生认识到坚持体育运动的重要性,使学生体会到参与体育运动的快乐,并让他们认识到这将对他们的一生产生积极的影响,激发学生内部动力,发自内心地参与到体育锻炼之中,并逐步地使之成为一种习惯。当然,这不仅仅局限于乒乓球课堂的学习当中,对于其他类型的体育课堂也是十分有必要的。[①]

综上所述,通过对高校公共体育乒乓球课程主体的调查分析,可以得出,乒乓球课程主体可通过加强师资力量建设,完善职后培训情况,引导学生树立正确体育学习观等方式得到进一步完善,从而促使高校乒乓球课程教学质量的进一步提高。

[①] 程飞.高校乒乓球教学中对专项学生能力培养的研究[J].科技展望,2016,26(05):206.

第七章 高校乒乓球课程教学环境的创设与优化

要想提高教学效果,就要为学生创设一个生动、温馨、丰富、新颖的教学环境。提供一个有准备的教学环境,环境体现出丰富性、个别化,并依据学生的发展需求不断投放、调整环境材料。高校乒乓球课程的开展,以及高校乒乓球教师队伍的建设,对促进大学乒乓球运动的进一步普及和竞赛水平的提高有着重要的实际意义。本章将介绍乒乓球比赛的场地与器材要求,掌握乒乓球比赛主要规则,学会乒乓球比赛的裁判方法,提高乒乓球竞赛的裁判水平。

第一节 体育教学环境概述

在教学活动中,影响教师教和学生学的一切内外条件共同构成一定的教学环境,教学环境是按照发展人的身心这种需要而组织起来的育人环境,这是学校的一切教学活动所必需的各种条件的综合。体育教学环境则指的是为进行体育教学而进行的体育教学活动所处的自然环境、社会环境和一定的精神环境的总和。体育教学环境有广义和狭义之分,广义的体育教学环境不仅包括学校体育教学的环境,还包括社会、家庭对于体育教学产生的影响,狭义的体育教学环境仅指学校的体育教学所处的环境。本章探讨的体育教学环境系统指的是狭义上的体育教学环境。

一、体育教学环境的意义

体育运动是在特定的自然环境下进行的,体育离不开环境,没有环境便没有体育运动。创造和改善适宜的体育环境,将有助于促进体育运动者的兴趣和身心健康发展。体育良好的环境能够促使学生自觉的、积极的、科学的参加体育运动。有利于学生身体正常的生长发育,促进其体格、体能以及身体素质的不断提高,增强其对自然环境的适应能力和对疾病的抵抗能力,培养其运动的兴趣和顽强的意志品质。正常的教学活动离不开一定的教学环境,教学环境的好坏对于教学活动能否顺利开展以及教学质量的高低具有直接的影响。体育教学是在特定的环境下进行的活动,科学合理的教学环境是教学任务完成的重要基础保证,是体育教学工作能否顺利进行的关键因素之一。[①]

教学的物理环境是由学校内部的各种物质、物理因素构成,如校舍建筑、教学工具、时间、空间等。我们又可以把教学的物理环境再划分为设施环境、自然环境、时空环境。

二、体育教学环境的特点

(一)身心结合统一

体育教学活动不仅仅是单纯的身体活动,还需要思考和认识运动和规律和真谛。体育教师应该指导学生做到身心结合统一,用思想来协调身体动作,让身心同时得到锻炼与增强,引导学生激发身体的最大潜能,使学生的身心得到全面发展,这种身心一元、身心统一的实践过程,这就是体育教学与其他学科的最大区别。

---

① 郭道全等. 现代高校体育教学概论[M]. 北京:中国商务出版社,2015.

第七章　高校乒乓球课程教学环境的创设与优化

（二）自然环境教学为主

大多数体育教学活动都是在露天的自然环境下进行的，充足的自然光线、清新的空气等，这些自然条件是人体锻炼非常重要的因素，能使人更好地提高健康水平，有效地增强体质。

（三）教学组织形式受限

学生自身的身体素质与潜能直接影响体育教学活动的效果，此外体育教学活动还受到场地、设施、器材等环境因素的影响，由此决定了体育教学组织的复杂性和组织形式的多样性。体育教学是在活动中进行的，与学生的身心发展水平有直接的关系，还受环境的干扰，场地设施等诸多因素的制约。

（四）体育教学需要培养体育精神

体育运动是人类进行自我完善、自我发展的重要形式，它不仅作用于人的身体，同时对人的精神世界产生重要影响。在体育运动中所表现出来的进取精神、拼搏精神、公平竞争及团体友爱的精神，爱国主义和国际主义精神等，都是美好人性的体现。体育精神能促进人类自身的完善，体现人性之崇高。体育教学的重要目标是培养现代社会所必需的竞争精神，通过学习和运用体育规则，培养学生诚实、守纪律的优秀品质；通过在运动中克服自身生理负荷和器械、环境、自然条件等带来的困难，可以培养学生吃苦耐劳、勇于拼搏的意志。体育活动还可以促进互动与交往，提高学生的交际能力；内容与形式丰富多样的体育教学活动可能提升学生的言行举止和各方面素养，培养出品行兼优的学生。科学合理的体育教学组织形式能够使学生从思想、道德、意志、情感、社会交往等方面得到锻炼，使学生的身心得到全面、积极的发展，这是体育教学以智力培养为主的表现之一。

（五）受客观条件的制约性大

体育教学经常受到多方面客观实际情况的限制：从教学对象来看，学生的年龄性别、生理和心理特点以及体质强弱等实际情况都影响到体育教学的组织，需要全面考察每个学生的实际情况并做出相适合的评判与设计，在运动基础程度上要注意区别对待，做到因材施教。例如，从大一到大四、男生与女生、不同的专业、身体发育、智力水平等因素，每一个学生实际身体素质都千差万别,所以在教学设计、教材选择、教学组织等方面就要综合考虑与权衡。如果没有摸清这些情况,只是按照统一的教案进行教学,学生可能得不到身体的锻炼与提升,产生不了良好的教学效果。气候条件等自然环境和场地、器材、设备等硬件对体育教学的影响也很明显。体育课程主要在露天的自然环境下进行,因此,对气温、湿度、风向等受气候条件的要求较高,编制课程时应该参照天气预报和当地气象特点,保证有充足的室外实践课程。并且,要利用严寒、酷暑等条件培养学生适应环境条件,增强耐寒抗暑能力。此外,在体育场地器材设备上,要因地制宜、因陋就简地创造必要的条件上好每节体育课。

三、体育教学环境的要素

体育教学环境主要分为物质环境和心理环境两个方面,其中物质环境包括自然环境、场地器材等因素;心理环境主要包括校园体育文化体育教学课堂气氛以及体育教学人际关系等因素。所以体育教学环境的要素应从这些方面来考虑。

(一)教学内容的选择

简单来说,体育教学内容是一种体育知识和技能的系统,通过身体练习、运动技能学习和教学比赛等手段,其目标是提升教学对象的体育相关知识与技能。影响教学内容组织的因素包括体育学科理论、运动技能、体育活动规律等内容,还需要综合考虑教学对象的认知水平和运动负荷,以提升体育知识和技能为目的,编制出科学合理的教学内容。既要因材施教又要寓教于乐,在轻松快乐、潜移默化中引导学生掌握运动理论与技能,增强学生的身心素质。每个教学对象都是一个独特的个体,年龄、性别、身体条件、智力水平等各种因素都应该综合考量,有针对性地为学生"量身定制"教学内容,激发兴趣,引导认识,使学生的潜能和天赋得以发挥,让学生体会到参与和成功的喜悦,增强学生对学习的兴趣和自信,培养学生的体育精神和思维,锻炼学生的体魄与意志。

第七章 高校乒乓球课程教学环境的创设与优化

(二)运动技术学习

体育教学内容涵盖了许多复杂的运动知识和技巧。以乒乓球为例，如何握拍，如何站立、如何接球与削球，单打与双打的区别与要点等。运动技术是一门专业而严格的学问，体育教学不能一蹴而就，是一个长期坚持的过程，既需要体育教师言传身教，反复示范与训练，也需要教学对象的个人努力与坚强的意志，体育理论知识在一点一滴中积累，体育技能需要一步一步地精进，体育素质也渐渐增强，这些都需要双方的配合来共同实现。

(三)教学方法运用

体育教学是身传身教的过程，体现着"传、帮、带"的优良传统。老一辈体育教师在实际教学中不断实践与探索，积累总结了非常有效的教学方法，年轻教师要虚心向老教师请教与学习相关理论知识，掌握前人行之有效的教学方法，并根据实际情况不断创新和发展，形成适合自己特点的体育教学方法，发挥出教学方法的最大效益，才能取得良好的体育教学效果。

(四)教学循序渐进

在体育教学中必须科学安排学生的运动负荷，体育训练的目的是增强学生的身体素质与意志，挑战身体极限，激发自身潜能，这是一个循序渐进的进程，不能操之过急。应该根据运动的规律和特点、教学对象的实际情况与接受程度制订合理的训练计划。制订训练计划应该考虑的因素包括技术学习的熟练程度、生理机能的负荷承载的锻炼程度、意志力磨炼程度等。由此可见，运动负荷与三维目标的达成是密切相关的。

(五)积极的教学氛围

在高校乒乓球教学活动中，最理想的状态是教师和学生感情融洽、心理相容，教学内容在轻松、愉快、和谐氛围下完成。教师进行实际教学活动时，应该根据教学大纲的要求，围绕体育与健康新课程的基本理念，把健康第一的指导思想落实到日常的体育教学中去。爱护学生的教师更受学生欢迎和爱戴，教师应该转变观念、提高认识，改变过去高高在上，生硬教学的模式，保持亲切的态度和严谨的教学，对待学生要一视同仁，不能区别对待，要靠自己的专业能力和教学方法赢得学生的尊重和喜爱。教师要注意调动学生对乒乓球的兴趣与热爱，组织好课堂纪律，和谐的气氛是更好地完成教学任务的重要因素。所以，教师要努力创造和谐的气氛,让学生在心情舒畅中上好体育课。

(六)评估教学效果

体育教学中的反馈评价使学生能真正消化所学知识,准确掌握动作要领。这对于提高体育教学质量,提升小学生的体育素质具有重要作用。在高校体育教学过程中,教师往往将单一的四种反馈组合成多种不同的形式。教师始终处于主导地位,学生是学习的主体。学生通过学习从教师那里接受过来的信息,来改变自身。同时,学生也通过各种外在表现形式将自己学习的结果反馈给教师。当教师、学生和学习内容三者之间发生密切的联系时,任何单一的反馈形式都无法满足课堂的教学需求。所有的反馈目的是一样的,都是要强化或者改变教学内容、学习行为和课堂组织形式,它有助于塑造学生积极的学习氛围,反映预期的教学目标。

体育是一门关于运动技能、比赛规则或自由创造动作的学科,而乒乓球是一项技巧性很强、注重规则和细节的运动。学生在学习过程中的实时反馈是评估教学内容和教学方法的关键依据。尽管学生是反馈的接受者和受影响者,但反馈意见不会考虑学生的感受而主要体现权威者的意见和判断。反馈的目的不仅仅是采集信息,更需要根据反馈的信息及时对学生存在的问题做出补救,从而提高课堂教学质量,优化课堂教学效果。所有教师追求的目标是运用反馈的知识体系而不是依赖于教师个人的喜好进行反馈。

(七)明确教学目标

任何学科都需要有明确的教学目标,体育教学也不例外。教学目标是海上航行的灯塔,指引学生前进的方向。只有让学生有明确的目标,才能充分发挥学生的主观能动性。体育教学目标具有指导、激励与评估的作用。如果没有明确教学目标,学生在学习和训练中就找不到努力的方向,不会主动练习,进步与提升会非常缓慢。在体育教学组织中要设立明确而具体体育教学目标,充分发挥体育教学目标的导向功能,促使学生主动地、生动活泼地进行体育学习。

(八)心理健康教育

目前,大学生普遍存在急躁、焦虑、脆弱的心理状态,特别容易产生愤怒、焦躁、悲伤等消极情绪。如果在乒乓球教学过程中学生出现以上情绪,不仅会影响自身的学习,并且会感染其他同学,造成连锁反应,使教学效果大打折扣,达不到教学大纲所规定的目标。所以教师应该体察每一位学生的状态和情绪,带动课堂的节奏和气氛,及时发现学生的问题并及时调整。

(九)安全意识及教育

体育教师是生命安全的倡导者、组织者和实施者。要使生命安全教育内容在体育教学中进行有效实施,体育教师要有良好的驾驭课堂的能力,有开拓的思维和创新的理念,有丰富的生命安全教育内容的知识和技能。为此,体育教师要提高自身的素质,不断学习,才能担负起生命安全教育的重任。

将生命安全教育内容融入体育教学中,需要打破传统的体育教学方法和模式,让体育教学更加贴近生活、贴近自然情境。在体育实践课时,教师可通过模拟"灾难现场"的方式,让学生学习应急处理的方法。如模拟火灾或地震的情形,通过游戏的方式,让学生学会逃生的技能,并能够在灾难面前互帮互助,迅速撤离灾害现场。

目前,大学生在校接受生命安全教育的途径比较单一,在体育教学中增设生命安全教育内容,不仅能够增加学生在校接受生命安全教育的途径,使学生能够掌握应急避险的知识和技能,培养学生处理突发事件的能力,而且可以丰富体育教学内容,激发学生体育课学习的积极性,促进学生身心的全面发展。

第二节 高校乒乓球课程教学环境优化的原则

一个良好的体育教学环境对于体育教学活动来说能够起到非常重要的促进作用,这种促进作用主要体现在两个方面:其一,有利于吸引学生的学习兴趣。一个良好的教学环境能够让被动的教育活动变得更加主动,能够让学生对体育教学认同并且愿意去主动学习,这种情况下的教学效果更好,对于学生真正掌握体育技能、身心得到锻炼也起到不可取代的重要作用;其二,有利于教师的教学活动进行。

一、高校乒乓球课程教学环境对乒乓球教学的影响

著名的短篇小说家契诃夫曾经说过:"大学生的精神状态在大多数情况是由环境培养出来的。那么在他念书的地方,他无论走到哪儿,所看见的都应当不是别的,而是宏大的、强壮的、优雅的东西才对,求上帝别让他瞧那些七零八落的窗子、灰色的墙,刷着破破烂烂的漆布的门才好。"可见他深谙环境对教学系统的影响。所以明智的管理者都懂得并积极从事教学环境建设。良好的教学环境对体育教学系统作用犹如顺风扬帆、顺水行舟。

(一)优美的校园景观具有积极的心理功能

首先是心理导向功能。校园景观布置与设计,校风校貌体现着教育者的目的,从而引导全体师生员工的努力方向;其次是心理约束功能。在优美的校园景观中,不文明、不道德、不健康的行为和思想受到抑制和禁止。进而对社会环境起到筛选和淘汰作用:校园环境的约束功能与择优功能互为表里,无约束则无择优,优胜亦无劣汰,二者互为前提和结果;再次是心理暗示功能。教学环境的内容、形式、风格、意向、情趣、氛围等诸因素对学生心理具有潜移默化的影响作用,使学生在不知不觉中受到教育。[①]

(二)良好的教学环境有助于激发学生求知欲

良好的校园环境不仅能引起学生学习的热情、乐趣和兴趣,而且能提高学生学习的欲望,扩大学生的知识面,使之产生学习的压力与动力,促使学生积极主动地学习与锻炼,从而提高教学效果。

(三)适宜的教学环境有利于各种能力的发展

人脑具有信息接收、储存、评价、加工等功能,都与外界环境刺激密

---

① 周志俊,魏名国.体育教学艺术概论[M].合肥:安徽教育出版社,1997.

切相关。校园环境刺激越合理,人脑功能发挥越快,效率越高。总之,教学环境对体育教学的影响虽然具有间接性、外在性,但又是巨大的、多方面的,有人甚至说:"校园气氛可以决定教育系统的成败。"马克思也说,"人的全部发展都取决于教育和外部环境。"

二、高校乒乓球课程良好教学环境的功能

良好的体育教学环境是有效开展体育教学活动的前提,是体育教学活动顺利进行的基本保证。随着社会的发展,人类的生存环境日趋复杂,环境对人的影响也越来越大。教学环境作为一种特殊的社会环境,在个体成长和发展过程中所发挥的重要作用日益引起了人们的关注。早在古代,人们对教学环境的作用就已经是由教学环境自身所具有的功能决定的。功能指的是一个事物系统所具备的对周围其他事物发生作用的能力或根本属性。功能是事物自身固有的能力,相互联系与相互作用是事物功能的表现形式,只有具备功能的事物不与其他事物发生关系,便无法形成作用。倘若教育环境不具备相应的功能,教育环境对教学活动的作用便成了"无源之水""无本之木"。因此,要对教学环境在教学中的作用有较深层次的认识,就有必要进一步分析教学环境的功能。

(一)德育功能

教学环境的德育功能,是指体育教学环境能够陶冶学生的情操,净化学生的心灵,培养学生正确的世界观、人生观、价值观和健康观,提高学生的思想觉悟,养成学生高尚的道德品质和健康行为习惯。教学环境对人的教育作用不是通过强行灌输来实现的,而是寓教育于生动形象、美好健康的情境中,通过有形的、无形的、物质的、精神的多种环境因素的综合作用,使学生潜移默化地受到熏陶和感染,从而产生一种"随风潜入夜,润物细无声"的体育教育效应。与单纯说教相比,这种体育教育效应更容易得到学生的认可并引起情感上的共鸣,更有利于陶冶学生情操和培养学生优良品德。因此,积极运用体育教学环境这一功能对学生进行品德教育,必将大大提高学校体育的德育实效性。

（二）益智功能

教学环境的益智功能,是指体育教学环境能有效地促进学生智力的发展,提高学生智力活动的水平和效率。不同的环境对人的智力活动有不同的影响。教学环境中健康丰富的信息刺激,可以促进智力的发展;而信息刺激的缺乏则会抑制智力的发展。心理学家指出:"智商在丰富的环境与贫乏的环境中能够上升或下降并确实上升或下降了。"人脑的功能及其相关组织的发展需要信息的充分输入与刺激,接收外界的信息刺激越多,它们的发展就越快。由于学校体育教学环境中信息较为集中,因而,在利用丰富的信息刺激学生大脑发育、促进学生智力发展方面,体育教学环境有着得天独厚的优势。

（三）强体功能

教学环境的强体功能,是指体育教学环境能有效地促进学生身体的正常发育,提高学生的身体素质和健康水平。人的健康状况与环境的优劣密切相关。良好的环境能够有效地提高人的健康水平,反之,则会导致人身体素质的下降。对于青少年来说,其大部分时间是在学校中度过的,学校体育教学环境与他们的健康状况就有着更为直接的关系。良好的体育教学环境能够有效地促进学生的身体健康。

（四）美育功能

教学环境的美育功能,是指体育教学环境有利于激发学生的美感,进而培养学生正确的审美观和高尚的审美情趣,丰富他们的审美想象,提高他们感受美、鉴赏美和创造美的能力。审美是人的一种高级心理活动。人与环境之间有着直接的审美联系。学校是一个丰富多彩的美的世界,生活于其中的学生有意无意地接受着环境中美的熏陶。在一个良好的教学环境中处处蕴藏着丰富的审美内涵,校园中的自然美、教室里的装饰美、教学中的创造美、人际交往中的情感美,以及师生的仪表美、语言美、行为美等,都对学生形成正确的审美观产生着重要影响。首先,良好的体育教学环境有助于形成学生感受美和塑造美的人格;其次,良好的体育教学环境有助于提高学生鉴赏美、创造美的能力;最后,良好的体育教学环境有助于形成学生崇尚美的生活方式。

第七章 高校乒乓球课程教学环境的创设与优化

（五）激励功能

教学环境的激励功能,是指体育教学环境可以有效地激励师生教学与学习的热情和动机,提高他们体育学习的积极性,从而提高体育教学活动的质量和效率。在一个积极和谐的教学环境中,各种环境因素都可以成为激励师生积极性的有利因素,如整洁优雅、绿树成荫的校园,宽敞明亮色彩柔和的体育场馆,生动活泼、积极生动的体育课堂气氛,诚挚互爱、和谐融洽的师生关系,以及严谨求实、团结奋进的班风、校风等,都能给师生心理上带来极大的满足感和愉悦感,充分激发他们内在的体育学习、锻炼身体的动力和热情。特别是优良的班风和校风,更是一种由师生共同创建培育起来的强大的精神力量,这种无形的力量反过来又作为一种最持久、最稳定的激励力量,激励着师生共同努力、团结奋进。[1]

（六）导向功能

教学环境的导向功能,是指体育教学环境可以通过自身各种环境因素集中一致的作用,引导学生主动接受一定的价值观和行为准则,使他们向着社会所期望的方向发展。教学环境是育人的专门场所,是按照全面促进人的身心发展这一特殊需要和国家教育方针、学校培养目标的具体要求设计建设和组织起来的,它集中体现了社会主流文化的精神和价值取向,体现了国家和社会对年轻一代成长和发展的期望。这些要求和期望渗透在学校内部的各种环境因素中,形成一种具有强大约束力的精神氛围,引导着学生的思想,规范着学生的行为,塑造着学生的人格。教学环境的这种导向作用,对于学生个体的社会化具有十分重要的意义。

（七）凝聚功能

教学环境的凝聚功能,是指体育教学环境可以通过自身特有的影响力,将来自不同地理区域、社会阶层和家庭背景的少年儿童聚集在一起,使他们对学校环境产生认同感和归属感。一个健康向上的教学环境,洋溢着追求真理、探索知识的学习气氛,充盈着欢快的歌声、笑声和读书声,学生对于知识的渴望在这里可以得到极大的满足,他们的兴趣、爱好和个性在这里能够得到最佳的发展。因而,学校体育教学环境

---

[1] 郭道全等. 现代高校体育教学概论[M]. 北京：中国商务出版社,2015.

对于求知欲旺盛的学生来说,具有极大的吸引力和感召力。更为重要的是,教学环境是师生共同创建的,这里的每一棵树木、每一处报栏、每一间整洁的运动场地、每一场精彩的体育比赛,都凝聚着学生闪光的智慧,渗透着学生辛勤的汗水。这一切都能激起学生对周围环境的无比关心和热爱,增强他们对学校体育环境的认同感和归属感,增强集体的凝聚力。

三、高校乒乓球课程教学环境的重要意义

是否处在一个良好的教学环境中对于教师的教学来说也有非常重要的意义。在糟糕的环境中,教师也会在潜移默化中降低自己的要求和水平,同时也会让很多教学手段无法实现,而良好的环境则不会出现这些问题。

(一)物质环境对体育教学的影响

物质环境对体育教学的影响主要体现在以下几个方面。

1. 场地、器材等对体育教学的影响

乒乓球比赛在体育馆内进行,比赛空间应为长不少于14米、宽不少于7米、高不少于5米的空间。比赛区域地板最好使用深红色。馆内温度为20℃~25℃,或低于室外温度5℃。球网装置包括球网、悬网绳、网柱及将它们固定在球台上的夹钳部分。整个球网的底边应尽量贴近比赛台面,其两端应尽量贴近网柱。按规定,乒乓球直径为40毫米,重27克,由赛璐珞或与赛璐珞材质相近的物质制成,均为白色或无光泽的橘红色。比赛只能使用一种规格的乒乓球,不可同时混用38毫米或40毫米两种乒乓球。要确保发球机机头两侧的切换开关位置相同,并且同使用乒乓球的规格要相符。否则会出现卡球或者一出发球口就往下掉现象。一般来说,新球表面会有一层白色粉末。当这些新球进入发球机球道时,会增加发球机上球时的摩擦阻力,造成出球不顺畅,严重的情况下甚至会造成卡球。因此,新球在使用之前,先清洗一下,然后擦干,以保证发球机出球顺畅。发球机靠摩擦把乒乓球发出,表面会带有静电,这样,它就会吸附空气中的灰尘,如球落在地面上,也会吸附地面上的灰尘、毛发等杂物。若捡球时,用扫把将球扫入簸箕,其中

第七章 高校乒乓球课程教学环境的创设与优化

夹杂毛发等什物,一起倒入发球机。如此,发球机送球系统容易被异物卡住,或球道长期被灰尘磨损,造成出球不顺畅,严重的情况下甚至会造成卡球。因此,定期清洗发球机用球,一般 2～3 周清洗一次就可以。同时,保持发球机周边环境(球台和地面)的适度整洁也是需要注意的。球拍的合法性可参考国际乒联规程的有关规定。

毋庸置疑,场地越宽绰、器材越丰富、质量越高,对于体育教学来说就变得更为容易。举例来说,以乒乓球场地和器材来说,没有足够的场地和专业的乒乓球专业器材,学生对于乒乓球的理解很容易产生偏差,即便能够掌握一定的击球、接球技术,但是对于场地的长度和宽度、底线和边线的位置等非常重要的乒乓球要素却不了解,那么学习到的乒乓球技能也仅限于课堂,无法进行真正的实战。

2. 自然环境对于体育教学的影响

由于成本和经费问题,绝大多数的体育运动都发生在室外,而自然环境对体育教学会产生巨大的影响。例如东北地区冬天就很难在室外进行乒乓球教学,南方阴雨季节里也不宜进行体育室外乒乓球课程的教学。所以体育课程并不是在全国范围内都一样的,而是要因地制宜,结合当地的具体情况进行不同的设置。[1]

3. 其他要素对于体育教学的影响

上述两个要素的影响都是直接的,即没有场地或者雨雪天气很难进行特定的体育教学活动。而还有一些间接的物质要素也影响体育教学的成效。例如体育教学班级的规模、是否有统一的服装等等情况不同,学生的积极性也各不相同,教师的教学成果也存在差异。

(二)心理环境对体育教学的影响

心理环境对体育教学的影响主要包括两个方面。

1. 制度环境对于体育教学的影响

学校对于体育教学的重视决定着体育教学能够达到的高度,很多

---

[1] 周岩.论体育教学环境及其对体育教学的影响[J].科教导刊(电子版),2016(34):125.

学校为了追求升学率,限制体育课程的设置,也不主动提供各种场地和器材,这无疑给体育教学带来了很多消极的影响。而学校的体育考核是否严格也让学生在体育学习中心态不同,最终的教学成果不同也就成为自然而然的事情。

2. 情感环境对于体育教学的影响

这里的情感环境主要指的是人际关系环境,不仅包括学生与教师之间的人际关系,还包括学生之间的人际关系、教师之间的人际关系,以及学生、教师与学校之间的人际关系。显而易见,和谐的人际关系是有利于体育教学的健康发展的,相对紧张的人际关系环境则制约着体育教学的发展。

当前体育教育的发展也要求体育教育理论不断发展,而体育环境这一体育教学中最为重要和基础性的要素为当下体育教育者关注。体育环境对于体育教学的影响是最为直接的,一旦出现改善也是能够起到立竿见影效果的,所以研究体育教学环境具有十分重要的现实意义。我国当前各个阶段教育过程中,体育教学环境都存在或多或少的问题,这也给未来体育教学环境的发展提出了更高的要求。未来的体育教育者不仅应当重视物质环境的改善,还应当特别注意心理环境对于教学的影响,从物质和意识两个方面共同促进体育教育事业的不断向前推进。

第三节 高校乒乓球课程教学环境优化的策略

影响乒乓球教学环境因素依次为情感环境、运动氛围、教学能力、课堂安排、教学设施和信息环境等因素。基于此,学生应端正学习态度,积极主动的和教师进行交流互动,配合教师的课堂教学活动;合理控制班级人数,改善教学设施,创建良好的信息环境和运动氛围;教师在教学过程中加强与学生的交流沟通,培养学生积极的学习态度,使学生树立明确的学习目标,营造良好的学习氛围。

第七章　高校乒乓球课程教学环境的创设与优化

体育教学环境是构成体育教学系统的重要元素之一,对高校体育教学质量具有直接的影响。近年来,随着体育教育事业的不断发展,人们逐渐认识到教学环境对体育教学的重要性,希望能够通过优化教学环境来更好地服务于体育教学。我国普通高校乒乓球教学环境优化的具体途径包括:完善高校体育教学硬件环境、提高体育课堂教学效率、构建良好的体育教学文化氛围。

一、体育课堂教学情绪调控

（一）教师要运用榜样激励影响学生

榜样作用和人格力量,是其巨大的精神力量,具有很强的作用,是影响课堂教学情绪、制约课堂气氛的重要因素。榜样的激励作用,早已被实践所证明,在体育教学中,教师既把学生看成是教育对象,又把学生当成学习的对象,譬如:学生思想活跃,朝气蓬勃,善于进取,不少学生珍重友谊,团结友爱,群体合作良好等诸多值得学习借鉴的方面。用自己受到的教育,去教育对象,与教育对象一起受教育,并努力使教育对象成为教育自己的人。这样的人格魅力,越发表现出教育者的真诚,它以一种高阶段情感样式,打破了人与人隔绝的围墙,唤起了教育对象自觉、积极、肯定的主体意识,从而有效地激发和强化课堂教学情绪,让体育课像磁石吸铁一样,牢牢地吸引学生。[①]

（二）教师要以自己的积极情绪感染学生

体育教师是教学活动的主导,老师的一言一行都会成为学生模仿的对象,老师的各种情绪也会感染到每一名学生,对学生造成正面或负面的影响。所以,老师要控制好自己的情绪,在授课时保持乐观、平稳的情绪,任何时候都不能把消极的情绪感染给学生。

教育部多年来一直要求教师要使用规范语言和行为,明确禁止教师不能使用生硬尖刻的语言,更不能体罚和变相体罚学生。并有地方规定,教师在情绪不好的时候可以和同事换时间上课,以免消极情绪影响到学生。消极情绪引起学生消极行为的产生绝不是危言耸听。相同

---

① 郭道全,魏富民,肖勤等.现代高校体育教学概论[M].北京:中国商务出版社,2015.

行为特征的两个同学在不同的老师情绪影响下,有着截然不同的两种效果。某女同学平时内向胆小,对老师经常体罚学生行为产生反感情绪,造成讨厌老师所教的课、不完成老师布置的训练任务,又害怕老师体罚,就撒谎说自己生病请假不上课。老师对学生的撒谎行为没有具体分析和调查,却把未完成任务和撒谎两罪并罚,最终导致和家长、学生产生矛盾难以化解,学生被迫转学。案例中,学生不完成训练任务和撒谎是老师生气的外在原因,在此,老师没有分析生气的根本原因,却用体罚等手段来惩罚学生,造成学生一连串的消极行为。

(三)"设问激疑"保持积极健康情绪

"兴趣是最好的老师",体育教学本身是很枯燥与艰苦的,高校及体育老师应该在教学内容、教学方法等方面多动脑筋,勇于创新,对教材进行选择加工,挖掘教材情趣因素,勾起学生的兴趣。在教学过程中,适时故布疑阵,恰当设立障碍与困难,激发学生的挑战欲望与斗志,吸引学生对技术的主动探索与练习。同时教师及时引导学生寻求解决困难、提升体能的方法,使学生能够运用已有的知识和技能理论联系实际,反复实践,攻克难关,从而使学生学有兴趣,练有所得,使学生体验到成功的愉悦,产生成就感,保持高昂和饱满的情绪。

(四)激发竞争的情绪

体育活动本身就是一种竞争性的比赛,"更高、更快、更强"体现的就是与自己竞争及与对手竞争,达到最佳的效果,取得更好的成绩。体育教师应根据教学内容和学生实际情况,适当施加压力和激励措施,培养学生的竞争情绪和意识。体育老师在教学实践活动中,要充分调动学生的情绪,进行有效控制,培养学生"胜不骄、败不馁",刻苦训练,勇争第一的运动精神,吸引学生的注意力,使学生在训练过程中保持兴奋状态,最大限度地发掘学生的智力和能力潜能。体育老师要善于运用语言激发使学生的竞争意识浓烈,学习积极进取,进而优化课堂教学,增强学生体能,提升教学效果。

(五)淡化对立的情绪

体育应该提高学生的锻炼意志,使学生在体育活动中体验成功的快乐。由于高校体育课的教学对象是大学生,他们自控能力和认知能力较高,因此,从学生的生理和心理特点考虑,遵循循序渐进的原则,围绕教学目标,在课程的结构设计上做精心的规划,力求较好地体现新课程的创新和改革精神。

总之,优质的体育教学能让学生更扎实地学好技术,充分地享受活动的乐趣,进而使学生得到更全面和更生动活泼的发展,在洋溢着快乐与愉悦的课堂气氛中体验成功,感受快乐。

二、完善教学硬件环境

高校的体育设施会影响高校的体育教学,高校的体育场地、体育器材等都会对高校体育教学产生影响。充足的体育场地和体育器材能够保证体育教学的顺利开展,而匮乏的体育设施会阻碍体育教学的发展;最后,体育图书、体育教材等也会影响高校的体育教学。体育图书和体育教材是高校体育理论知识的主要载体,也是学生了解体育理论知识的主要途径,充足的体育图书和体育教材能够完善学生的体育理论知识,提高学生的体育水平。而匮乏的体育图书和体育器材会导致学生理论与实际脱节,不利于学生综合体育能力的提高。

为解决上述问题,高校应积极获取体育经费,购置充足的体育设备,建设体育场馆,促进体育教学的发展。为此,我国应积极解决体育教学经费不足的问题,拓宽资金来源,鼓励社会资金流入高校体育教学;其次,高校应积极运营现有的体育硬件环境,向社会有偿开放高校的体育场馆和体育器材,既满足了全民健身的需求,又增加了体育教学经费;再次,政府应积极调整我国体育资源的分配,增强体育资源分配的公平性,实现高校体育经费的合理分配;最后,高校应合理规划体育教学经费,积极优化体育硬件环境。为此,高校体育教学应合理利用地域资源,加强体育场馆建设。同时,高校应积极改造体育教学硬件环境,引进先进的体育器材和体育设备,为体育教学提供物质基础。

三、运用多媒体教学提高体育课堂教学效率

由于生理和心理的原因,学生集中注意的时间往往较短,特别是在讲解、分析某位学生的动作时,学生听起来也比较模糊,精神也不集中。多媒体教学中借鉴动画结合录像的特性,使教学内容生动有趣,让同学

们在良好的课堂氛围中学到知识,这样对学生非常具有吸引力,容易产生兴趣,练习更加努力,学习的效果也得到提高。体育课件制作完成后,可以在课堂教学中进行应用,以辅助体育教学。向学生展示已制作完成的课件,并加上老师的讲解,这样就会收到良好的教学效果。而且,可以通过学校的微机互联网,让学生既能听、又能看,还能用手自己操作,学生之间又可以互相交流,给学生更加形象、直观的学习,通过多种感官的刺激,使学生学习运动技术,比单一地进行讲解、示范要强得多。

教师把录下来的运动训练情况,输入计算机,通过计算机对每个成员进行综合分析,并把训练情况进行总结,制作成课件,存入计算机。训练后,让学生进行自我分析,加以比较,总结训练情况,这样就形成了一个系统的信息反馈模式。另外,通过计算机网络系统,我们可以方便地下载世界各地学校的优秀课件,将其进行分析、引用、加工、提高,通过资源共享来缩短课件开发的周期,提高制作效率。

四、优化体育教学物质人文环境

相对于物质环境,人文环境是人类社会中特定的精神现象,包括个体的综合素质、价值取向、行为规范、社会心理等要素。体育教学的人文环境应该是指向关怀人文精神生活的健康与充实,创造崇尚开放、多样的环境,以体育自身的独特性,促成教学与自然社会的关系的密切关联与转变,以适应当今社会对人才素质的需要。从高校体育教学现状看,人文环境的缺失是一个比较突出的现象,改善与优化体育教学人文环境越来越成为人们关注与研究的课题。高校体育教学人文环境的缺失,原因是多样而复杂的,对体育教学人文环境的优化和完善不是一朝一夕的事。随着人们对这一现状的认识和实践的不断加强,有利于学生身心健康和谐发展的体育教学人文环境正在逐步形成和发展。教师和学生是教学过程的两个主要因素,师生关系的融洽是构建和谐体育教学的基本要求,也是和谐体育教学的重要体现。

优化体育教育的人文环境,应从调整教师、学生定位,建立和谐师生关系,创建校园优育文化等方面入手。

首先,教师要改变以往"教练式"的严肃面孔。在教学中,教师的形象会对学生产生潜移默化的影响。教师和蔼可亲的语言、严肃认真的教学、热情耐心的指导、正确优美的示范,都能使学生从内心感受到教师的关怀,对学生产生形象感召力。因此,教师应尽可能向学生倾注全部的爱,以自己积极向上的精神风貌去感召学生,使师生的关系更为和谐。

其次,要积极发挥学生的主动性。一要把学生当朋友与伙伴,如与学生一起共同备课,设计比赛方案等。二要把学生当得力助手,如让学生协助组织各专项训练,提升传统的学生关系。体育教学中,由于学生体育素质的差异,很容易形成特定的心理场。体育素质好的洋洋得意,体育素质弱的自卑自弃。由于体育教学的现场效应,以及结果的公众效应,很多学生,尤其是女生,随着年级的升高,对体育学习会产生畏惧心理。小组合作是体育教学中常用的组织方式。接力、游戏运球等,作为体育教师,可以巧妙地利用这种组织形式,在教育教学中培养学生为了共同的目标不甘落后的拼搏精神。

再次,体育态度、体育行为和体育价值观都产生直接的影响,是校园文化不可或缺的一个重要部分。一是强化校园体育文化建设的认识,从上至下达成共识,充分运用学校现有的软件、硬件资源,构建健康向上的校园环境。如合理运用板报、标语、广播、电视等媒体,学校各种社团活动、演出、竞赛,校内外专家讲座等,渗透体育精神和体育道德观念,宣传体育赛事中的重大突破和具有积极向上、拼搏精神的人物、事件。这样使得具体的体育课堂教学拓展到校园,延伸到社会。二是丰富学生的课外体育活动,有效提高学生的体育文化修养,增强终身体育的意识与能力。相比室内课,不少学生还是很热衷于其他灵活多样、有内涵有特色的课外活动,但在很多高校这类活动的设计和举办还是有限的,满足不了学生的需求。高校应该形成具有自己特色的、相对稳定又具创新性的课外体育活动,如体育文化节、综合运动会等趣味性的小型竞赛活动、体育专题讲座、国内外重大赛事观赏,等等。

五、培养班级凝聚力和集体荣誉感

乒乓球是一项讲究配合的运动,但是班级的每个学生都来自不同家庭背景、不同的成长环境,有着不同的性格、特长、爱好。作为授课教师要在短时间内将几十个的学生融合成一个整体靠的就是班集体荣誉感。培养学生集体荣誉感也是提高教学效果的关键。有了集体荣誉感,学生就会热爱集体并发挥主动性和创造精神,表现出主人翁的责任感,就会不断进取,产生积极向上的强烈愿望,形成一种合力,从而使班集体更具凝聚力和竞争力。一个和谐、宽松的集体环境,能及时化解那些不和谐、不团结、拉帮结派、各吹各调等不利于学生良好个性形成的消极因素,并对每个个体的发展产生深的影响,就班级而言,荣誉、成就感来自体育比赛的成绩,学生经常会意识到自己在班级中的地位,以及自己所处的班级在学校中的地位从而产生荣誉或羞愧,自觉或气馁等情绪体验。其中荣誉感会使同学们产生归属感,形成向心力、亲和力,减少离心力。缺乏班集体荣誉感的学生我行我素,游离于集体之外;班集体荣誉感强的班级才能团结进取,积极向上。

可以说班集体荣誉感是班级凝聚力的灵魂。培养集体荣誉感要做到以下几点。

第一,多表扬、鼓励,逐步培养集体荣誉感。必要的表扬、鼓励可以直接调动学生的积极性。

第二,培养集体荣誉感要增强学生的主人翁意识。让每个学生以主人翁的身份来参与班级工作,发挥其自我管理的作用,让他们在班级舞台上大显身手。

第三,教育学生处处自觉维护集体荣誉。让学生明白集体中每个成员的言行都与集体荣誉有着密切的关系。

第四,在外部竞争的压力活动中加强学生的集体荣誉感。

学生有了强烈的集体荣誉感,就会时时努力,为班集体争得荣誉。教师可以从学校、家庭、社会等多方位营造氛围,为他们提供表现的机会和展示的舞台。学生有了展示自己能力的机会,心里就会充满成功的喜悦。集体活动是富于教育力和感染力的课堂,学生从中可以受到教育、得到启发、激励,从而培养集体荣誉感增强班级凝聚力。如艺术节各项活动,班级板报,各种竞赛活动等,都是班主任培养学生集体荣誉感的好机会。在这些活动中我有意识地引导、调动每一个学生的积极性,充分发挥其作用,使其感受到集体荣誉跟每个人的努力分不开,以便增强其上进心和自我约束能力。同时,鼓励学生齐心合力为班集体争光。这样可以密切师生、同学之间的关系,使他们由相识到相知、相容、相助;使他们互相理解,互相关怀、增进了友谊,增强了合作意识。另外,这些活动也为学生们提供了舞台,提供了赛场,使他们能公平、公正地面对竞争,激发他们奋发向上的精神。当他们尽情体验胜利欢乐的同时,他们的人格得到了尊重,他们的参与意识,主人公意识得到了加强,从而增强了班级的凝聚力。

第八章 高校乒乓球课程教学模式的构建与应用

21世纪以来,随着体育教学改革的不断深化和素质教育的需要,原有的体育教学模式受到了严峻的挑战。体育教育工作者不得不进行全面的反思和改革,并建立符合体育教学特点的各种教学模式。但各种观点相继出现,"公说公有理,婆说婆有理",这就不免导致体育教学杂乱无章,因此,有必要对诸多体育教学模式进行整理、简化、优化,使体育教学模式更有操作性和灵活性。

第一节 体育教学模式概述

一、教学模式的概念

"模式"一词,在很多学科中都有使用。由于学科的不同,对模式的界定亦不同。在现代汉语词典中,模式是指事物的标准样式;在英语中,模式表述为"model"。西方学者通常认为模式是经验与理论之间的一种知识系统。有的学者认为模式是再现现实的一种理论性的简化形式。

基于对模式的不同理解,国内外学者对教学模式的定义也不一。美国哥伦比亚大学的乔伊斯和威尔认为:"教学模式是构成课程(长时间的学习课程),选择教材,指导在教室和其他环境中教学活动的一种范型或计划。"弗·鲍克良"把教学模式称为教学策略"。因特、埃斯特斯、施瓦布认为,"教学模式是导向特定学习结果的一步步的程序。"

国内关于教学模式的定义,概括起来大致有下列几种。

第一种是认为"教学模式是在教学实践中形成的一种设计和组织教学的理论,这种教学理论以简化的形式表达出来",可称其为"理论说"(张升武)。

第二种是认为教学模式是在"一定教学思想或理论指导下建立起来的各种类型教学活动的基本结构或框架",可称其为"结构说"(吴也显)。

第三种是认为教学模式是"在一定教学思想指导下建立起来的完成所提出教学任务的比较稳定的教学程序及其实施方法的策略体系",可称其为"程序说"(甄德山)。

第四种是认为"常规的教学方法俗称小方法,教学模式俗称大方法。它不仅是一种教学手段,而且是从教学原理、教学内容、教学目标和任务、教学过程直至教学组织形式的整体、系统的操作模式,这种操作样式是加以理论化的",可称其为"方法说"(叶澜)。

我们应该全面地把握教学模式。第一,教学模式不等同于教学方法。教学模式与教学方法分属于不同层次,两者的概念、涵盖范围均不同。教学方法概念小,涵盖范围小,重在解决教学活动中的某一个具体问题;教学模式概念大,涵盖范围广,重在解决教学活动中的某一类问题。第二,教学模式不仅仅是教学理论。教学理论是系统知识和思想体系,能指导教学行为;而教学模式不仅能指明教学活动的方向,还能提供教学活动的结构、程序、步骤等。教学模式将教学理论与教学实践完美结合,既是教学理论的具象化,又是教学实践活动的系统概括。

二、教学模式的构成要素

任何教学模式都具有一套比较完整的结构,都是由各个主要要素构成的有机整体。构成教学模式的主要元素称为教学模式的构成要素。明确教学模式的构成要素,对于我们选择、构建、完善和应用教学模具有重要的意义。一般来说,一个成熟的教学模式至少要由理论依据、教学目标、操作程序、辅助条件和评价五个要素组成。

(一)理论依据

任何教学模式的构建都离不开教学理论和教学理念的指导。例如,程序教学模式以行为主义心理学为理论基础,结构主义教学模式以认知心理学为理论基础,合作学习教学模式以社会主义的人道主义和个性民主化为理论依据,快乐体育教学模式以运动情感变化规律和终身体育思想为理论依据。每一种教学模式都必须体现一定的教学理论,表达一定的教学理念。没有理论依据的教学模式是没有生命力的。

(二)教学目标

教学目标是指教学模式应达到的一定的教学效果,在教学模式的构成要素中占有重要的地位,对教学模式的其他构成要素发挥着制约作用。任何一种教学模式都是为达到某种特定的教学目标而设计的。例如,合作教学模式的教学目标是着重培养学生的协作精神和社会适应能力,使学生具有民主精神,形成独立的个性,发展多样的才能;归纳思维教学模式的教学目标是引导学生扩充加工信息时所需的概念体系,加强学生的心智活动,增强学生的加工信息能力。

(三)操作程序

操作程序是开展教学活动的逻辑步骤以及完成每个步骤的操作过程。任何一种教学模式都具有一套相对应的独特的操作程序。例如,体育教学模式的操作程序包括课前准备、课中合理操作和课后总结;情景—陶冶式教学模式的教学程序包括课前创设情景、课中积极参与活动和课后总结转化。教学过程既存在教学内容展开顺序、教学方法应用顺序,又存在复杂的心理活动顺序。因此说,教学模式的操作程序只能是相对稳定的,而不是僵化、一成不变的,应根据学生的实际情况,做出适应性和创造性的调整。

（四）辅助条件

辅助条件是指为教师运用教学模式而提出的原则、方法和技巧等策略。例如，如何将教师、学生、教学内容、教学媒体等条件有机组合，促使教学模式更好地发挥效能。与教学理论依据相比，辅助条件为操作程序提出了更为具体的指导和要求。例如，非指导性教学模式要求在学生自我探索和解决问题的过程中，教师和学生应形成一种伙伴关系；自学—辅导式教学模式要求教师要具备较强的组织能力和应变能力，能对学生进行有针对性的辅导。

（五）评价

评价是教学模式的评价标准和评价方法。由于理论依据、教学目标、操作程序和辅助条件的不同，因此每一种教学模式都具有一套适合自己的评价标准和评价方法。例如，掌握学习教学模式的评价标准是目标参照性评价。

三、体育教学模式的含义

关于教学模式和体育教学模式的含义，学术界还没有统一的规定，各学者的观点纷呈出现，具体概念表述如表8-1、表8-2所示。

表8-1 各学者对教学模式概念的界定

学者	概念的表述
教育大辞典	指反映特定教学理论逻辑轮廓，为实现某种教学任务的相对稳定而具体的教学活动结构
陈时见	教学理论和实践的中介，它是在一定教学理论指导下，为实现特定的目标，用来设计课程、选择教材、提示教师活动的基本范型
乔伊斯和威尔	构成课程和课业、选择教材、揭示教师活动的一种范式或计划
德山	在一定教学思想指导下建立的比较稳定的教学程序与实施方法
潭城伟	在教学思想和教学理论指导下的稳定的教学活动构架和活动程序
吴也显	设计组成和调整教学活动的一套方法论体系
熊川武	对教学活动的结构所作的类比的简略的假定的表达

第八章　高校乒乓球课程教学模式的构建与应用

表8-2　各学者对体育教学模式概念的界定

学者	概念的表述
杨楠	体现某种教学思想或规律的体育活动的策略和方式，它包括相对稳定的教学群体和教材、相对独特的教学过程和相应的教学方法体系
体育科学词典	按照一定的体育教学理论或教学思想设计，具有相应结构和功能的体育教学理论或教学活动模型
毛振明	是体现某种教学思想的教学程序，它包括相对稳定的教学过程结构和相应的教学方法体系。主要体现在教学单元和教学课的设计和实施上
吴涛	在一定的体育教学思想指导下，围绕体育教学中的某一主题，形成的相对稳定的、系统化的和理论化的教学范型或模型。一般包括教学思想、教学目的、操作程序、师生关系、教学条件等要素
李杰凯	是蕴涵特定的教学思想，针对特定的教学目标，在特定教学环境下实现其特定功能的有效教学活动与框架，是以简洁形式表达的体育教学思想理论和教学组织策略，是联系体育理论与体育教学实践的纽带

从以上教育学者们的概念定义来看，教学模式概念中的属概念有几种情况：教学活动结构、基本范型、范式或计划、教学程序与实施方法、教学活动构架和活动程序、方法论体系等。体育教学模式的概念中也有几种属概念：教学群体和教材、相对独特的教学过程和相应的教学方法体系，体育教学理论或教学活动模型，教学过程结构和相应的教学方法体系，教学范型或模型，教学活动与框架等。

体育教学活动与一般的教学活动既有共同特点，也有不同的特点，其不同特点部分就体现了体育学科教学的特殊性，从教学模式的概念中可以看出，体育教学模式的属概念可以与教学模式的属概念统一起来，以表达体育教学活动与其他学科教学活动的统一性。但问题是在教育学中教学模式的属概念是不统一的，因此给我们下定义带来了一定的麻烦和困难。考虑此因素，我们认为应对教学模式的属概念重新回顾。在教育学概念中，主要存在着三种不同的看法：一是认为教学模式是一种基本范型或范式；二是教学活动结构；三是活动程序或方法论体系。体育教学模式的属概念也大体如此，因此笔者认为可把体育教学模式的属概念定为"相对稳定的教学程序"，因为基本范型或范式是"模式"的最初含义。由于模式有很多的种类，在教学之中，就成了"教学模式"，教学模式就应有教学的含义，因此教学模式属概念的可演变为教学活动范型或程序或结构,其大体的含义是一致的,所不同的就是"教学方法体系"这一属概念存在着一定的问题。难道教学模式是教学方法体系吗?笔者认为教学模式既不属于教学方法,也与教学方法有着明显的区别,教学方法只是组成教学模式的一个要素,因此不能把教学方法体系作为教学模式的属概念。至于用"教学活动的结构",还是用"教学程序",其含义基本相同,为了简便起见,用"教学程序"来表达比较合适。①

体育教学模式的内涵,即体育教学模式的本质特征,这也是体育教学区别于其他学科最根本的要素。我们知道,在给一个概念下定义时,还要遵循一条"文字简单"的不成文原则,即在准确表达概念的时候,文字越少越好,应把多余的非本质的表述语言去除。那么什么是多余的语言呢?其概念中的"功能性语言"就是典型的一种多余的语言,即把"概念的功能"也放在概念的界定之中是不合理的,如"具有相应结构和功能"这些语言就显得多余了。在去除了多余的语言后,我们还是要把重点放在对体育教学模式的本质特征的挖掘上,即要弄清什么是体育教学模式的本质特征。

我们知道体育教学活动与其他教学活动的根本区别在于"运动技术的学练过程",体育教学活动的"知识与技能"目标是围绕着学生自身的本体运动体验而展开的,而一个个项目中的各种运动技术具有一定的连贯性,并以教学单元的形式表现出来。例如,挺身式跳远中有助跑、起跳、腾空、落地几个环节组成,这几个环节构成了跳远教学单元,在这个单元中有一个环节没有练好,就会影响整个跳远动作;又如乒乓球项目中有许多的技术,有握拍技术、发球技术、攻球技术、搓球技术、削球技术等,而一个单项的技术构成了一个小的单元,一个个小的单元又构成了整个乒乓球项目大的单元。整个体育教学就是从一个个项目、一个个小的单元开始的,它的教学宗旨直接指向了完成各项单元教学目标。因此,体育教学模式的本质特征应体现在单元教学目标的设计上,有了一定的教学单元,我们便可确定该单元教学的教学思想和教学目标,接下来就是对该单元进行教学设计,包括体育教学方法的配备,体育教学操作程序的制作,体育教学模式的评价指标确立等。而一旦单元体育教学宣告结束,该体育教学模式也不复存在,当新的教学单元出

---

① 邵伟德.体育教学模式论[M].北京:北京体育大学出版社,2005.

现时,一个新的教学模式又将诞生,如此反复,体育教学活动便得以很好地延续了。

四、体育教学模式的基本特征

体育教学模式都是在特定的教学思想和教学理论下建立的,因而每种体育教学模式具有不同的侧重点、适用范围和条件。例如,有的适用范围较广,有的则只适用于较特殊的教学情境。尽管每种体育教学模式具有其独特的特征,但它们都具有以下几方面共同的基本特征。

(一)针对性

每一种教学模式都是针对特定的教学实践问题而建立的。体育教学环境不同、体育教学内容不同,则会形成不同的体育教学模式。因此,任何一种体育教学模式都有自己特定的教学目标和使用范围。

(二)概括性

体育教学模式的概括性主要体现在把具有共同特征的教学模式归纳为一类,对教学活动的理论或实践进行浓缩和提炼,运用少量的线条、符号及图表反映整个教学模式。

(三)可操作性

体育教学模式的可操作性体现在教学模式容易被教师模仿,因为每一种教学模式都提供了教学展开的逻辑步骤及每一步的做法,因此,在教学活动中,教师应先做哪一步,再做哪一步,最后做哪一步,一目了然,易于操作。

(四)稳定性

稳定性是教学模式形成的一个重要标志,也就是说一个成熟的教学模式必须具有相对稳定的理论结构和操作程序。一种体育教学模式的确立,即意味着这种体育教学模式的理论结构和操作程序是稳定的,不会产生大的变化(当然根据学生的情况和教学条件变化做细微的调整是允许的)。若这种体育教学模式因人和时间的不同而产生大的变动,则说明这种体育教学模式还未完全建立起来。

（五）灵活性

不同的教学媒体具有不同的教学特性与功能，不同的教学内容、知识类型、教学对象等都具有独特的特性。因此，对于某种体育教学模式来说，教学的结构虽然是固定的，但是教学方法却可以是灵活的，教学过程也可以是丰富多彩的。

五、体育教学模式的功能

（一）中介功能

教学模式是教学模式和教学实践之间承上启下的"中介"，一方面它能对教学活动进行理论指导，使教师能在深远的背景中思考教学的若干问题；另一方面，它又能为教学实践提供操作程序和策略。体育教学模式的"中介"功能也是如此，它既是一定的体育教学指导思想、体育教学相关理论的具体体现，又能为体育教师提供具体的操作程序和操作策略，以便更有针对性地开展实践活动。例如，启发式体育教学模式体现的指导思想是开发学生的积极思维能力，使体育学习活动既有学生肢体的参与，又有大脑的积极活动，提高体育学科的科学性。它的操作程序则为：设置教学情景—进行初步的尝试性练习—提出问题，创设情境，引起学生兴趣，形成探究动机—洞察、展望、分析、比较，提出假说，进行选择思维—从事操作，验证假说，得出结论—进行正常的运动技术教学—结束单元教学活动，可为教师提供可操作性的教学使用程序。

（二）简化功能

体育教学活动具有其特殊性和复杂性，这种特殊性和复杂性仅靠人们的思辨和文字的方式去处理显然是不完全的。如果采用图示法揭示各系统之间的次序及其作用和相互关系，就可先使人们对事物有一个整体的形象。我们可以从体育教学结构中了解各环节各要素的关系，也可以了解其组织结构和流程框架，这种结构既注重了原则、原理，也注重了行为技能的学习。因此，从客观上看它是符合现代体育教学任务的，既重视了体育知识的学习，又注重了体育技术、体育技能的学习与掌握；既着重于学生的学习目标，又着眼于教师的设计方案；既反映了教学理念，又注重具体的操作策略，所以它具有可操作性，具有一套比较完整的结构和机制。它比抽象的理论更具体、简化，为体育教师提供了基本操作框架,更接近教学实际,有一种一目了然的感觉,易被教师理解、选用、操作与认可。

(三)解释、启发的功能

体育教学模式可以用简洁明了的方法来解释相当复杂的现象,如发展体能教学模式的建立给人以整体的框架,通过文字的解释使我们加深了对模式的理解,蕴含的理论包括以下几个方面。

(1)体育教学系统地、长期地发展体能的指导思想。

(2)阶段性的体能目标实施与反馈控制理论。

(3)非智力、非体力因素参与体育活动并促进技能教学的发展理论,如体能的发展是比较枯燥的,如何激发发展体能的兴趣是一种非智力、非体力的关键因素。

具体的某种教学模式核心环节是教学目标的制定与教学过程中实施的形成性评价,它包括以下几个方面。

(1)预先体能测验——诊断性评价。

(2)根据学生的身体条件与身体素质的侧重点安排好教学单元。

(3)对单元中诸体能目标进行练习。

(4)学习终结——总结性评价。

(5)依据评价的结果实施矫正措施。

这种模式体现了诊断、确立目标、定向、反馈和矫正这五种功能,体现了集体化教学和因材施教相结合的原则,激发了学生的学习动机,促进了学生认识发展。模式的建立引导教师和学生来共同关注某一教学环节,使模式又有了启发的功能。

(四)预测功能

体育教学模式是建立在体育教学内在规律及逻辑关系的基础上的,因此,它可以帮助人们对体育教学的进程或结果进行推断,至少可以根据其内在规律来估计各种不同结局,甚至可以建立其假说。当一个模式建立后,可以根据其内在、本质的规律及其现象来完成推断功能。如快乐体育教学模式,注重的是学生在愉快中学习体育,并享受体育活动的快乐,同时学会一种基本的运动技能,为终身体育打好基础。若在教学中没有达到这种预先的目标,那么就可作相应调整;若达到了,则与事先的预测相吻合,证明理论与实践的统一。

（五）调节与反馈功能

实践是检验真理的唯一标准，根据具体的教学条件、环境和具体的教学指导思想而安排的体育教学模式最终要受到实践的检验。如在具体的操作过程中，某种具体的教学模式并没有达到教学目标，则应对操作过程中的各环节、各因素进行具体的分析，找出其中的利弊，分析原因，从而为下一阶段的教学程序设计与实践操作打好基础，这就是体育教学模式的调节反馈功能。

第二节 乒乓球教学模式与教学系统其他要素之间的关系

一、教学模式与教学思想的关系

体育教学活动中，教学模式与教学思想相辅相成、密切联系。两者之间存在指导与被指导、反映与被反映的关系。两者之间的关系具体体现在以下几方面。

第一，教学思想指导教学模式。教学思想不同，教学模式亦不同。教学模式随教学思想发生变化。

第二，教学思想制约和影响教学模式。教学模式依据何种标准建立、按照哪种方法建立、具有什么特征都依赖于教学思想，都直接受教学思想的影响。

第三，教学模式反映教学思想。一种教学思想可以通过一种教学模式或多种教学模式体现出来。

二、教学模式与教学目标的关系

新的体育教学课程标准指出，体育教学目标主要包含五大目标，即

第八章　高校乒乓球课程教学模式的构建与应用

身体健康、心理健康、运动参与、运动技能和运动适应。体育教学模式是指"具有特定的体育教学思想,用以完成体育教学单元目标而设计的相对稳定的教学程序"。体育教学模式由四部分组成,即教学思想、单元教学、教学方法体系和教学程序。教学模式与教学目标之间的关系体现在以下几方面：首先,体育教学目标与体育教学思想密切联系,共同为体育教学模式的建立提供依据。其次,体育教学目标隐含在体育教学模式中,体育教学模式在一定程度上反映了某个体育教学目标。在这里,我们要清晰辨别两个名词,即体育教学模式中的"模式目标"和体育教学目标。这两个名词是不能等同的。体育教学目标是针对整个体育教学而设立的,体现了全面、整体性；而体育教学模式中的"模式目标"是局限于某种体育教学模式中,是具有侧重性的。例如,启发式教学模式的目标侧重于强调开发学生的智力来促进学生参与运动技术的学习,而并没有过多关注学生社会适应能力的发展和学生心理健康的教育。因此,笔者认为体育教学模式不能与体育教学目标相等同,不能用教学目标来命名体育教学模式。

我们可以举一个例子来说明,这个例子可能不是很确切,但可以帮助我们理解教学模式和教学目标的关系。一辆汽车的生产使用,应先有汽车设计思想和目标,后有汽车制造模式。若考虑是否省油的问题,而不考虑操作问题,那么就选择制造手动挡；若考虑操作问题,而不考虑是否省油的问题,则选择或制造自动挡。同理,在体育教学中,我们同样可以认为,先有体育教学目标,后有体育教学模式。也就是说,体育教学模式的构建要以体育教学目标为基础。

三、教学模式与教学组织的关系

体育教学组织形式是指为完成一定的体育教学任务,教师与学生按照特定的要求进行组合后进行活动的结构形式。体育教学组织形式主要是针对课堂教学而言的。从学生的组合方式来说,体育教学组织形式基本上分为两种形式,即个别教学和集体教学。集体教学又可分为小组教学、全班教学和合班教学。

体育教学模式也可以说是一种体育教学组织方法,但它与体育教学组织明显不同。体育教学组织是课堂教学组织的具体体现形式,它包括课堂常规、分组教学、组织形式等基本内容；而体育教学模式是对应特定的教学思想，是从整体上来调整单元和课的结构，它具有其特有的结构和功能。

四、教学模式与教学方法的关系

体育教学模式与体育教学方法两者之间既相互联系又存有区别。具体体现于以下几个方面。

第一，从概念进行分析。体育教学方法是为实现体育教学目标、完成体育教学任务而采用的方法和途径。而体育教学模式是指"具有特定的体育教学思想，用以完成体育教学单元目标而设计的相对稳定的教学程序"。体育教学模式包含教学思想、单元教学、教学方法体系和教学程序四个部分。由此可知，体育教学模式的组成中包括体育教学方法这个因素。但需明确，体育教学模式与体育教学方法两者之间并不具有包含与被包含的关系，也就是说两者之间不是非相属概念关系，因为体育教学方法只是组成体育教学模式中的一个必需的要素，并不是体育教学模式的子概念。另外，体育教学方法体系是由各种具体的教学方法组合而成，它是一个抽象的概念；而体育教学模式中的教学方法体系是由各种体育教学方法精选组织而成，并不是多个体育教学方法的简单堆积，它是一个具体的概念。

第二，从体育教学方法与体育教学模式的稳定性进行分析。一种体育教学模式形成后即具有稳定性和不可变性。只有在单元教学目标完成后，该单元教学的特定体育教学模式才宣告结束。而体育教学方法却不具备这种稳定性和不可变性。体育教学方法是一个抽象的实体，存在着各种各样的具体的教学方法，可供各种体育教学实践选用。

我们还以汽车为例。我们知道，汽车有自动挡、手动挡、手动与自动一体化三种类型，这三种不同的类型可以理解为"汽车的三种模式"，因为它们首先代表的是不同的理念：手动挡比较省油；自动挡操作比较方便；手动与自动一体化可以根据不同的驾驶对象来选择不同的模式。其次它们的操作程序与具体的每一步的操作方法是不同的，包括起步、行驶过程、上坡、下坡制动等情况。

一般来说，我们可以这样来理解，汽车的三种类型可以代表三种"模式"。汽车的模式一旦确立，它是不可以更改的，只有当该汽车报废后，该车子的模式也将随之消亡。而汽车的每个环节中的操作次序可以理解为"方法",如起步方法、行驶过程的换挡方法、倒车方法等。每一个环节的方法中又有一定的操作顺序,这些方法虽然有一定的操作程序,但它不代表有什么样的汽车设计理念。如起步方法,它只是汽车启动的操作步骤,与省油的理念没有什么关联。

同理,教学模式也内含了各个环节的方法,但各个环节的方法决不是教学模式。在教学模式确立的基础上,我们可以在运动技术教学的初级阶段配备动作示范方法、直观教学方法等;在改进运动技能教学阶段,我们则可以配备重复练习方法、纠正错误方法、循环练习方法等,而且在各环节的各种方法中,有着不同的操作顺序。但是不同的教学模式,我们需要配备的方法是不一样的。例如:启发式教学模式,我们需要配备提问方法、质疑方法、讨论方法等;发展体能教学模式可以配备重复练习方法、间隙练习方法、循环练习方法等。而且教学模式一旦确立,它是不可更改的,只有当该教学目标实现后,教学模式才宣告结束并解体。而教学方法只是从理论上说它具有多样性特点,即可供选择的方法是多样的,但它并不具备实践的特性。

五、教学模式与课程结构的关系

依据学生的生理变化规律和心理变化规律,体育教学课程结构得以确定,从而组成了课的各环节。传统的体育教学课程结构包括三部分,即准备部分、基本部分与结束部分,这被人们称为"三段论"。由于受苏式体育理论的影响,体育教学课程结构因苏式体育理论的影响而印上了苏式模式烙印,因此遭受了众多批评。有一部分人认为这种"三段论"不再适应新时期发展需要,并借着教学改革的名义提出了二段论、四段论、五段论,甚至"无段论"。这部分人认为体育课无须做前期准备活动就能直接进入体育活动状态。这类观点看似新颖,但经仔细分析就可发现其存在缺陷。单就一节体育课来说,不论发生何种变化,这节体育课都必然包含有开始和结束两部分,因为体育课与其他课程一样,它有一个的开始与结束的过程,这是任何一所学校的课程无法改变的事实。特别是体育课,除了具有和其他课程共有的特点外,还具有自身独特的特点,即在一节体育课程中,学生必须要承担一定的运动负荷与生理负荷,即心率需要达到130次/分钟以上(心率在安静状态下约为60次/分钟)。因此在课的开始阶段,必然有一个准备与调动过程,这个过程就是课的"准备部分";另一方面,由于学生在课中承受了较大的生理负荷,在课的结束部分,要把较高的心率恢复到课前的基本水平,就需要调整与放松,这个所谓的"结束部分"是必不可少的,这也是区别于其他课程教学的最本质特征之一;而课的中间部分(即基本部分),它是始终存在的。在准备部分和结束部分,教师可以根据教学内容的难易程度、人体的运动负荷和生理负荷程度来确定这两部分的时间长短和活动强度。因此,体育课的课程结构是基本不变的。

  体育教学模式依据单元教学设计教学课程。体育教学模式要求每节体育课之间必须做好有效衔接,从而构成一个完整的单元教学体系,最终完成相应的运动技能教学目标,即"初步学习运动技术、改进与提高运动技术到巩固与自动化运动技能"。由此分析可知,单元教学课时时长决定了体育课课次多少,而课次的有序安排又构成了体育教学模式。因此说,体育课的课程结构和体育教学模式是不相同的。

  这里还是用汽车的例子说明。汽车的手动模式是一个整体,这个整体由各个不同的环节组成,即要使该汽车正常行驶,就需要掌握起步、加挡、减挡、刹车、倒车等环节技术,而这些环节技术又构成了一个有机的整体。要学会开车的基本技术,就要学习具体的一个一个细节技术,待学会各项具体的操作技术后,才能独立开动车子,完成整个学习任务。若其中一个技术环节没有学好,那么就不能讲某某已经学会了开车。另一方面,从行驶的阶段来看,要使汽车从某地移到某地,就会产生起步、行驶、停车三个基本阶段,它与一节体育课的结构具有同样一层含义,因此上述二层意义说明该汽车的手动模式就相当于一种教学模式,而组成各技术的环节就相应地代表了一节节的体育课,而每节体育课的结构是基本不变的。体育课不能代替体育教学模式,它是组成教学模式各环节中的一个小单位。因此,我们认为目前存在的"体育课中安排不同的教学模式""一节体育课就是一种教学模式"的观点是不够合理的。但体育课与体育教学模式也是紧密相联的,笔者认为这样理解体育课与教学模式的关系比较合适:体育教学模式是个大概念,体育课是一个小概念;一个完整的体育教学模式需要"数节体育课"有机的组成,各节体育课是完成一种教学模式的必备要素;每节体育课的结构是基本不变的,它包含了准备部分、基本部分、结束部分;体育课、单元教学、体育教学模式的关系序是:确定运动项目单元教学目标

第八章　高校乒乓球课程教学模式的构建与应用

→制定一种合理的体育教学模式→安排数节体育课。[①]

通过上述分析,可以看出,有些所谓的"体育教学模式"其实是属于体育课程结构,而不属于体育教学模式的。这些模式有二段型教学模式、三段型教学模式、五段型教学模式、十段型教学模式等。

第三节　当今常见的乒乓球教学模式及应用

伴随着体育教学课程的发展和完善,众多的体育教学模式建立并实施。而这些体育教学模式均具有自身独特的特点和应用程序。当前常见的体育教学模式有运动技能传授模式,身体锻炼模式,运动技能传授为主、身体锻炼为辅的模式,主体性体育教学模式等。

一、运动技能传授模式

(一)运动技能传授模式的概述

运动技能传授模式,在我国体育教学领域中长期居于主导地位。它以运动技能教育观为指导思想,依据运动技能形成规律和认知规律来设计教学过程结构。

运动技能传授模式,在教学思想方面,深受苏联体育教学思想及理论影响,是"主智主义"教育理论在体育教学上的具体表现形式;在教学价值取向方面,以掌握运动技能为教学目标,因此教学侧重关注学生对运动技能的掌握程度,而且在学生学习运动技术和掌握运动技能的过程中完成发展学生体能和思想品德教育等教学任务。

---

① 姚蕾. 体育教学论学程[M]. 北京:北京体育大学出版社,2005.

（二）运动技能传授模式的应用

运动技能传授模式的教学过程主要遵循"泛化—分化—定型—自动化"的运动技能形成规律和由"感知—理解—巩固—应用"的认知规律，通过教师的讲解、示范以及相应的直观手段，使学生对所学运动技术有一定的感性认识，并在教师的组织、辅导下经过反复的运动实践感知和教师对学生练习效果的不断反馈评价，逐渐掌握运动技能。其教学的基本程序如图8-1所示。

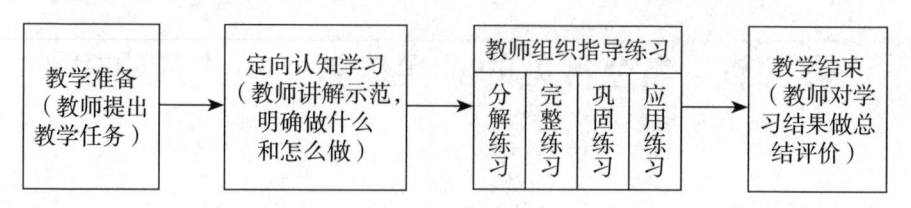

教学准备（教师提出教学任务）→ 定向认知学习（教师讲解示范，明确做什么和怎么做）→ 教师组织指导练习｜分解练习｜完整练习｜巩固练习｜应用练习 → 教学结束（教师对学习结果做总结评价）

图8-1 运动技能传授模式的应用

运动技能传授模式的教学效果教师的运动技能水平、教学艺术水平（教学方法、手段运用的有效性）和学生的学习自觉性及其体育基础密切相关。

作为我国最为传统和典型的体育教学模式，运动技能传授模式有优点也有缺点。优点是有助于运动技能的系统传授和教师有效地组织调控教学，有助于教学顺利进行，有助于学生简洁高效地掌握运动技能。如果教师的教学艺术水平较高运用得当，在发展学生的运动技能方面则能够取得比较好的教学效果。

缺点是不利于学生充分发挥主体作用，不利于激发学生的认知动机和对多种运动的兴趣，不利于有效调动学生的学习积极性和创造性，同时，不能协调好完整教学和分解教学之间的关系。

有鉴于此，一些教师对这一教学模式进行了相应的改革，使得这一传统的教学模式出现了新的变式。如受现代教育教学观（教与学的关系）和主动体育等思想的影响，出现了"教师辅助式"和"师生合作式"形式（图8-2、图8-3），取得了较好的教学效果。

教师提出目标和若干方案 → 学生自主选择设计学习方案 → 学生自主练习教师辅导 → 教师协助学生自我评价

图8-2 "教师辅助式"教学程序

第八章　高校乒乓球课程教学模式的构建与应用

教师讲解并提出任务和若干方案 → 教师帮助学生选择学习方案 → 学生在教师指导下互帮互学 → 学生个人或小组练习、教师辅导 → 师生共同评价

图 8-3　"师生合作式"教学程序

二、身体锻炼模式

（一）身体锻炼模式概述

身体锻炼模式，又称为发展身体素质的模式。该模式受体质教育思想影响，将发展学生体适能作为教学目标，依据人体生理机能活动变化和负荷与休息合理交替的规律设计教学过程结构。该模式将教学过程分为准备、调整、再负荷、休息等阶段，同时采用简便易学、富有锻炼实效的练习方法（如循环法、间歇法、处方法等），在教师的指导和监控下进行体适能锻炼，通过练习密度和脉搏频率调控运动负荷及其过程。

（二）身体锻炼模式的应用

身体锻炼模式教学的基本程序如图 8-4 所示。

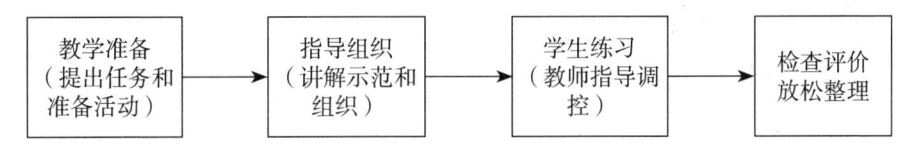

教学准备（提出任务和准备活动）→ 指导组织（讲解示范和组织）→ 学生练习（教师指导调控）→ 检查评价放松整理

图 8-4　身体锻炼模式教学程序

该模式最突出的特色就是学习内容比较简单，学生常处于动态的锻炼过程之中，其练习的密度高、学生承受的运动负荷比较大，对学生的意志品质有较高的要求，在发展学生的体能方面富有实效，并有益于磨炼学生吃苦耐劳的坚毅品质。

但这一模式也存在着明显的缺点，它要求教师要密切监测并实施调控运动负荷，及时引导教育学生。由于体育教学内容相对单一枯燥，因此常常会用"练"代替"习"，这很容易让学生对体育学习产生厌倦，从而难以实现学生体育兴趣的培养和体育素质的全面发展。

三、运动技能传授为主、身体锻炼为辅的模式

(一)运动技能传授为主、身体锻炼为辅的模式概述

运动技能传授为主、身体锻炼为辅的模式以全面教育的体育教学观为指导思想,按照运动技能形成规律为主线、运动负荷规律为辅助的规律来建构教学过程结构。

全面教育的体育教学观是在我国体育教学改革思潮中逐渐发展起来的一种教学思想。这一思想将体质教育和运动技能教育相结合,主张体育教学以发展学生身体为核心,以"三基"为手段,以思想教育为先导,以社会教育为辅助,全面完成体育教学的各项目标。

(二)运动技能传授为主、身体锻炼为辅的模式

由于运动技能传授为主、身体锻炼为辅的模式在教学的价值取向上力图使发展体能和掌握运动技能二者兼得,其教学主要指向运动技能的传授和身体锻炼,所以其教学过程在遵循运动技能形成规律的基础上,辅之以运动负荷的规律。与此相适应,还在教学内容上增加了发展身体素质的"课课练"内容,在教法体系中糅进了有助于发展体能的锻炼法,以便对传统的运动技能传授加以改造。这一模式的教学基本程序如图 8-5 所示。

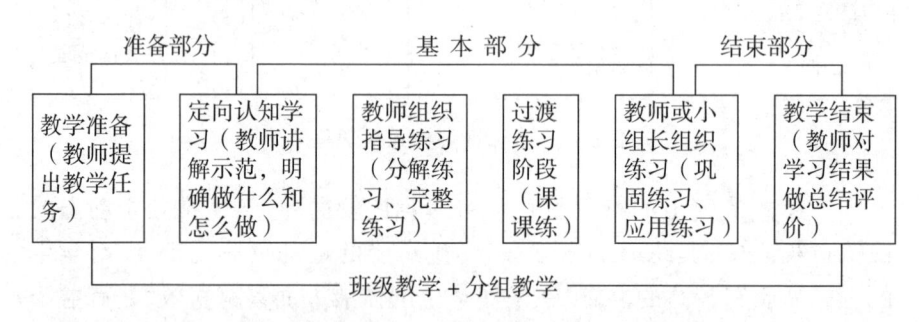

准备部分	基 本 部 分	结束部分
教学准备(教师提出教学任务) / 定向认知学习(教师讲解示范,明确做什么和怎么做)	教师组织指导练习(分解练习、完整练习) / 过渡练习阶段(课课练) / 教师或小组长组织练习(巩固练习、应用练习)	教学结束(教师对学习结果做总结评价)

班级教学 + 分组教学

图 8-5 运动技能为主、身体锻炼为辅的教学模式基本

显而易见,这一模式的主线仍然是运动技能的传授,但又力图兼容体质教育思想及其教学模式的特点,在传授运动技能的过程中渗透一定的发展身体的内容(课课练)及其规律(身体负荷规律),是一种以技术学习和技能熟练为主、以身体锻炼为辅的一种教学模式。这一模式实质上是运动技能传授模式的一种改造,或者说是运动技能传授模式

的又一变式。

这一模式是我国体育教学中广泛应用的主导模式,它继承了传统的运动技能传授模式的一些优点,同时在此基础上对改变只注意运动技术、技能传授而忽略学生身体发展的问题,在克服身体锻炼模式教学内容比较单一枯燥的弊端方面有积极意义,尤其在当时中小学应试教育倾向严重,许多学校班大、人多、器材少的条件下,对保证学生在校学习的身体发展和维护学生身心健康方面以及克服体育教学条件限制方面有一定的现实意义。

然而,这一模式也有一些待研究的问题。例如,教学过程结构是否应服从运动负荷的规律?负荷规律是否会干扰运动技能规律的完整贯穿?课课练的内容是否与主教材和教学过程的结构有内在的必然联系?是否会干扰主教材的教深教透?以及是否有利于形成良好的体育学习情结、进而形成良性的学习循环等问题值得我们进一步思考。

四、主体性体育教学模式

(一)主体性体育教学模式的指导思想

1. 培养参与能力

心理学家皮亚杰指出:"儿童学习的最根本的途径应该是活动。"在课堂教学中,教师要学会放手,并积极引导学生参与到课堂教学中,让学生动手、动口、动脑,让学生在课堂活动中,通过自主学习,逐步理清学习思路,掌握学习方法,完善知识结构,积累学习经验,提高分析、解决问题的能力,逐渐实现"自能学习",为今后的主动发展打下坚实的基础。

2. 培养合作精神

教学活动是一种信息传递活动,但这种信息传递应该是包括教师、学生、教材、环境在内的多边多向的信息传递。在以往的教学活动中,教师忽略了学生之间的团结互助作用,从而影响了学生良好人际关系的培养和协调发展。因此,教师要积极创造机会,引导学生充分展现自我,鼓励学生之间良好的人际交往,满足学生心理需求,培养学生团结互助的能力及做出正确评价的能力,以便于让理解、信任、尊重、宽容、民主、合作充满整个课堂。

3. 培养学生的"教学能力"

教师可以鼓励学生扮演教师的角色,让学生站在讲台上,以教师的姿态进行语言活动和行为动作。通过这种教学实践体验,学生的教学能力会得到一定程度的发展。

(二)发展学生主动性体育教学模式的基本教学程序

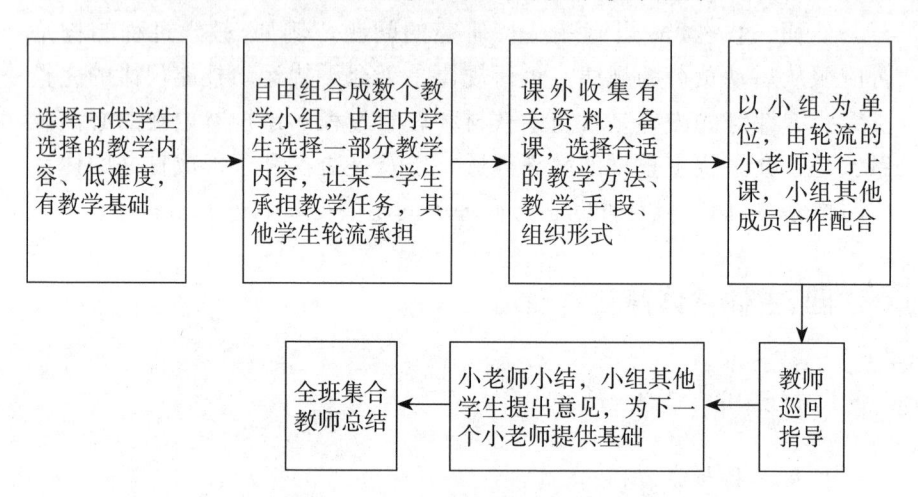

选择可供学生选择的教学内容、低难度,有教学基础 → 自由组合成数个教学小组,由组内学生选择一部分教学内容,让某一学生承担教学任务,其他学生轮流承担 → 课外收集有关资料,备课,选择合适的教学方法、教学手段、组织形式 → 以小组为单位,由轮流的小老师进行上课,小组其他成员合作配合 → 教师巡回指导 → 小老师小结,小组其他学生提出意见,为下一个小老师提供基础 → 全班集合教师总结

图 8-6 发展学生主动性体育教学模式的操作程序流程图

(三)主动性体育教学模式的优缺点分析

1. 优点

主动性体育教学模式,对于提高学生主动性,发展自我学习能力具有积极的意义。在以往的体育教学中,学生长期居于被动地位,不能充分发挥主动性,这些都不利于新课程标准的实施。而主动性体育教学模式的建立和运用,适时地打破了这一局面,顺应了新课程标准的要求。当然,以往的体育教学活动也强调学生的主体意识,但只是在某一节体育课中或一节体育课的某一阶段中发挥学生的主动性,发展学生的自我学习能力和组织能力,并未贯穿于整个教学活动中。而主体性体育教学模式是以一个较大的单元为基础,是根据学生的基础条件来

设计安排的,因此,这种教学模式更利于学生主体性的发挥,更利于学生素质的全面发展。

2. 缺点

主体性体育教学模式要求学生要自觉地对某一阶段的教学内容进行设计,能自主完成教学计划、教学方法、教学手段、组织措施的制订和选择。这需要学生已具备一定的自学能力。但由于受传统教学观念的影响,学生的自学能力相对来说还比较差,并且需要一个培养提升的过程。因此说,体育教学任务由教师承担转变为学生自主完成,这是一个循序渐进、逐步转变的过程,并不能一蹴而就。这需要转变传统教学观念,稳固教学基础,才能适应这种教学模式的教学。

第九章 现代教育背景下高校乒乓球教学模式的创新与探索

根据新时代对教育的要求,高校充分利用乒乓球运动促进学生身心发展的教育功能,把学生身心的全面发展,特别是创造能力的培养作为乒乓球教学目标,贯彻到教学之中。创新已成为适应新时代生活的基本能力,高校各学科课程都能对学生创造能力的培养做出贡献,而创新在乒乓球教学中具有特殊的地位与意义。奥林匹克的"更高、更快、更强"就是体育不断创新的体现。所以乒乓球教学在培养学生创新能力上是得天独厚的。

第一节 有效乒乓球教学模式体系的构建与实施

长期以来,乒乓球教师总是按照教学大纲的要求,遵照行政领导的指示来开展体育教学,尽管在乒乓球教学方法上也多有创造,但是一般均局限在教学方法的革新方面,谈不上对乒乓球教学进行总体性的改革。时代发展了,提出新挑战,乒乓球教学如果还是停留在方法上的改进,必然不能适应新时代的要求。

一、乒乓球教学模式体系的构建及特征分析

乒乓球教学建模从本质上看,它是在承认模式多样化的前提下,力图从宏观上和总体上把握乒乓球教学的规律,对乒乓球教学系统的构建过程。乒乓球教学建模具有一个系统的构建过程,它需要对整个教学过程中的各种信息进行采集,并对信息进行加工,提取特征,科学分类,最后形成一个系统的结构,按照这样的步骤构建的乒乓球教学模式具有多种特征。

（一）乒乓球教学模式具有整体性的特征

根据系统科学的整体原理,学习和研究最佳策略应当遵循整体—局部—整体的公式。换句话说,即使是研究局部,也应当把它放在整体中去研究,如果要对乒乓球教学模式进行研究,首先就要对教育进行研究,因为对于教育这个概念来说,教学仅仅是教育的部分。作为"教学模式"的上位概念,就是教育模式。教育模式有三个层次：其一是宏观层次,即研究国家和地区范围的教育发展的战略模式；其二是中观层次,即研究具体一所学校的办学模式；第三是微观层次,这是指各种学校的教学模式。所谓教学建模的整体性特征是指当我们构建一个具体的教学模式时,首先要从国家教育发展的宏观战略高度和学校办学思想的中观层次来审视每一学科的教学模式,使我们所建立的教学模式能适应成熟社会革新的需要；适应总体教育改革的需要。只有这样,才能保障教学建模适应本学科发展的需要。

（二）结构上保证乒乓球教学建模的完整性

乒乓球教学建模的整体性还有第二个含义,即模式的建立是要在结构上保证其完整性,使乒乓球教学模式形成一个系统。一般来说,作为一门具体学科的教学模式理应包含了教学的思想、教学的目标、教学的评价、教学的内容、教学的方法、教学的组织六个方面,同样,在构建体育"即兴展现教学模式"时,也应当包括上述六个方面,只有这样才能体现模式的整体性。其次,这种教学模式具有典型性的特

第九章 现代教育背景下高校乒乓球教学模式的创新与探索

征。在构建教学模式之时,采集信息、加工信息的目的是为了提取特征,在提取特征时,要考虑系统结构的每一部分要素。除了在总体的指导思想方面找到其特征外,还要从具体学科的教学思想、教学目标、教学评价、教学内容、教学方法、教学组织各个方面找到其特征。只有这些特征及其依据被揭示了,完整的乒乓球教学模式才能真正建立起来。

(三)乒乓球教育模式具有多样性的特征

"教无定法"是一个普遍的真理,乒乓球教学模式也一样,永远不存在一个放之四海皆准的固定不变的教学模式。从这个意义来看,乒乓球教育模式也应当是这样。

乒乓球教学模式的多样性可从模式的外部和内部两个方面来理解。教学模式的外部,还存在着同一层次的不同的教学模式,因此,"体育即兴展现教学模式"仅是多种体育教学模式中的一种。乒乓球教学模式是在实践中形成和发展的,它的存在依仗着该模式运行过程中能和内外环境取得协调和适应,可以成为多种方案中的一个较佳或最佳的方案。但是一旦内外环境有了变化,也许某一种模式难以适应,模式的某些优势也就难以得到体现。

二、乒乓球教学模式体系的构建的实施

根据乒乓球教学建模的特征可以进一步揭示教学建模的重要意义。乒乓球教学建模具有整体性的特征,这是指乒乓球教学的建模必须适应宏观社会的发展需要。社会变迁要求高校重新审视学校体育,重新审视体育教学模式。特别是进入到新时代,现代社会进一步面向国际化、信息化的方向发展,对教育也提出了新的课题,这就要求高校所建立的乒乓球教学模式必须走出单纯生物观的误区,在重视学生身体发展的同时,必须进一步重视学生的心理发展和社会适应。

(一)必须适应教育事业发展的需要

教学建模的整体性特征还指任何一门学科的建模必须适应教育事业发展的需要。1972年,在联合国教科文组织的主持下出版了一部令全球教育界广为关注的专著——《学会生存》,人本主义教育思想是此

时提出的；终身教育思想是此时倡导的；发展个性与能力是此时强调的。总之，全球教育开始转变了风向，这就是以"学科为中心"向以人为中心的人本主义方向发展。可以说，经过十年的酝酿，全球有力度的教育改革均在20世纪80年代前后发生。

学科中心论重视知识体系的系统性，把人的发展的重心置于智力之上，而人本主义课程理论反对学科为中心、教师为中心、课堂为中心，把人的身心协调作为教育的价值取向的重点。进入新世纪后，我国进一步重申了素质教育的指导思想，这对体育教学的建模也产生了直接的影响，必须走出学科中心论的误区，把学生的身心协调发展作为教育价值取向的重点，进一步重视学生主体作用的发展。

乒乓球教学建模必须适应整个教育事业的发展需要。为了适应新世纪教育事业的发展，2000年我国开始了国家基础教育课程改革，这是一项跨世纪的素质教育工程，它是我国基础教育面向世界、面向现代化、面向未来的重大举措。在这项工程中，传统的体育课将被改造为"体育与健康"课程。

新中国成立初期我国学习苏联经验，把掌握技术置于体育课程的中心地位；1979年扬州会议以后，提出"学校体育以增强体质为主"，实现了体育课程改革的一个历史性的跨越。但是，不论是"技术为中心"还是"增强体质为主"。均没有从根本上摆脱学科中心论的影响，和"素质教育"与"健康第一"的指导思想还存在着差距。

这一时期由于学习苏联经验，一直重视体育教学的三基目标（基本知识、基本技术、基本技能）。基础是重要的，但对什么是基础却在认识上存在着一定的误区。我国体育课内容长期以来一直没能改变竞技运动的分类体系，体育教学中强调的基本知识、基本技术，基本技能也就不能突破竞技技术的影响，当代社会中不断发展的健身体育、娱乐体育、康复体育、生活体育还没能理直气壮地进入体育学科领域；体育课内容的统一性强，难以适应学生的年龄差别，难以适应学校的区域差别，更难以适应学生要求发展个性的积极愿望。这一切均和传统的三基目标的定位误差有关。为此，我们在建立体育教学模式之时要改变三基教育的传统目标，破除以竞技体育为主线的分类体系，树立多种体育形式并存的改革新观念。

第九章 现代教育背景下高校乒乓球教学模式的创新与探索

（二）体现乒乓球教学建模的典型性特征

乒乓球教学建模的典型性特征具有重大的意义，一定要体现该模式和其他教学模式的特点，只有具有特色并适合实际的乒乓球课程模式，才能在教学实践中取得良好的效果，并被同行所接受。在乒乓球教学建模的教学实践中，存在着三种水平：低水平的是照搬和模仿，机械执行上级领导规定的一般模式，形不成适应地区和对象特点的新模式，这就是一种低水平的教学建模；中水平的是经验水平的延续，长期以来，不少教师根据自己的经验，形成了有一定特色的教学模式，但缺少理论归纳，没有与宏观的社会和教育事业的发展趋势相适应，因此，在教学工作中，成绩是有的，但不突出，缺少创造性；高水平的是以理论指导实践的创造建模，其特点是总结经验，研究理论，探索模式，指导实践，在此基础上创造新模式。我们所指的典型性就是指这种高水平的建模方式，只有具有典型意义的教学建模才能有生命力，才能被社会中具有类似条件的教学工作者所接受，才能在社会中得到推广。

（三）坚持乒乓球教学模式的多样性

乒乓球教学模式具有多样性的特征，而我国的体育教学长期受到单一化和一刀切的影响，真正意义的创造性教育模式并不多见，这是制约我国体育教学事业发展的一个重要因素。因此，我们必须走出体育课程单一化和一刀切的误区，使体育教学适应学生不同阶段的年龄特征，适应不同发展水平的区域特征，适应学生身心发展的个性特征，实现体育课程模式的多样化。

三、乒乓球教学建模的必要性

乒乓球教学建模的必要性可以归纳如下。

第一，适应成熟社会的革新需要，走出单纯生物观的误区，在重视学生身体发展的同时，进一步重视学生的心理发展和社会适应。

第二，适应教育事业发展的需要，走出学科中心论的误区，在"素质教育"与"健康第一"的思想指导下，以学生身心素质协调发展为教育价值取向的重点，进一步重视学生主体作用的发挥。

第三，与基础教育课程改革和体育教学改革相适应，走出传统的三基目标定位误差的误区，破除以竞技体育为主线的分类体系，树立多种体育形式并存的改革新观念。

　　第四,学习系统论的思想观念,走出单纯依靠模仿和经验建模的误区,确立具有创造性的典型教学模式,推进教学改革。

　　第五,使体育教学适应教学实际的需要,走出体育课程单一化和一刀切的误区,实现体育教学模式的多样化。为了促进体育教学改革,建立多种教学模式是必要的。但是,并不是说有了一个模式,就能促进体育教学改革,因为教学模式本身有落后与先进之分、保守与创新之分,我们需要的是顺应时代发展潮流的先进的创新模式,唯有这种模式才是有生命力的。

　　建立教育模式是必要的,但模式本身又是不断发展的。一个教学模式在其形成的初期,会对教学改革有推动作用,但是如果把它作为一种固定化的单一模式,那么,此时这种教学模式就会对体育教学改革造成阻碍,必须用新的模式取而代之。

　　乒乓球教学模式并非是普遍适用的灵丹妙药,其效果取决于教师的理解与实践。中国古代学者就强调:教学有法,但无定法,贵在得法;无法之法,乃为至法。没有一种固定的方法,就是最好的方法。同样,我们也可以认为:教学有模,但无定模,贵在得模;无模之模,乃为至模。没有一种固定的模式,就是最好的模式。

第二节　创新教学模式在高校乒乓球课程教学中的应用

　　教学中,学生是主体,教师是主导。教学效果都是以教育目标的实现程度来衡量的。教学评价就是衡量目标实施的方法。

一、乒乓球运动教学方法的创新

　　体育教学教法有自身独特的特点。这些特点与体育教学的时空

第九章　现代教育背景下高校乒乓球教学模式的创新与探索

条件、体育教学以身体练习为主、体育教学目标及体育教学任务等密切相关。

（一）体育教法有启发式的特征

当代教学论重视学生智力、体力和能力的发展，重视学生创造性和非智力因素的培养和发展。在教学方法上，注重培养学生学习的兴趣，自觉钻研的主动性和积极性，使学生的智力、体力、能力和创造性以及精神品质等得到较快、较好的发展。因此，启发式教学是现代教学法的重要特点之一。

（二）体育教法有引导性的特征

在体育教学中，教师不仅仅要教授知识，更多的是要引导学生掌握学习的方法，形成良好的学习习惯，主动、独立地学习。这是现代教学的发展趋势。所以，引导性是教法的特征之一。

（三）体育教法能调动多种感觉器官

在体育教学中，师生需要接收大量的信息和感知自己的运动动作。接受信息需要依赖视觉和听觉器官发挥作用，感知动作则需要中枢神经系统的指挥，然后在指挥下调动自身的动觉、味觉、触觉等感觉器官来感知。自身运动时用力的大小、用力的方向及运动的幅度则需依靠本体感受器来感知。只有通过本体感受器感知，才能使动作协调，起到有效控制动作的效果。多种感官参加活动，对于发挥认知因素和非认知因素的作用，起着积极的促进作用。因此，教法的选择应注意使多种感官参加。

（四）体育教法能使运动和休息合理交替

在体育教学中，学生需要承担一定负荷量的运动。这些负荷运动能不断刺激学生的生理和心理。经过较长时间的负荷运动，学生的生理和心理因接受了大量的刺激，则会产生疲劳。生理、心理的疲劳得不到缓解而被大量积累，那么学生的学习效率势必会受影响，产生效率低下的结果。因此，在体育教学中，教师就需要选择合理的教法来既保证学生的运动，又能减轻或消除运动所致的疲劳。常用的减轻或消除疲劳方法有转换练习，改变练习的难度、组合、条件、环境，改变休息方式、休息的时间等。

(五)体育教法更强调感知、思维、练习活动紧密结合

在体育教学中,学生需要借助感觉器官(如视觉、听觉等),接收教师传递的信息,这些信息包括动作示范、动作讲解等。教师传递出的信息传到学生的大脑皮层,大脑对这些信息进行分析、整合,然后将这些信息转化为指令信息传出,最终指挥身体根据指令做出相应的动作。这个过程包含感知、思维、练习三个环节。这三个环节相辅相成、紧密结合,促使一个体育教学过程顺利完成。三个环节中,感知是基础,思维是核心,练习是结果。体育教学过程是一个认识与实践的过程,是一个心理活动与身体活动相结合的过程。也就是说,体育活动不仅仅是身体上的活动,而且有心理上的活动,是身体活动和心理活动的有机结合。体育活动中,若没有中枢神经系统发挥作用,若没有感知和思维的参与,那么学生就无法完成各种体育活动。

(六)体育教法具有时空功效性

在体育教学中,教学过程也是一个不断变化的过程。在这个变化的过程中,教师与学生的角色、地位和作用也在变化着。教学刚开始时,教师为主角,占据主导地位,发挥教授和引导作用。到后期,学生由原先的被动运动转化为主动运动,逐渐占据主导地位。这个过程体现了体育教法的时空功效性。体育教学过程就是一个学生由客体转变为主体的过程。在这个过程中,学生如何很快、很好地完成角色转变,就需要教师采用一定的教学方法或教学途径,激发学生的主观能动性,引起学生的兴趣,触发学生的感知,然后引导学生进行思考,以理解和掌握教学信息,最后主动参与体育运动。

二、乒乓球运动教学模式的创新

近年来,随着体育教学思想多元化局面的出现,对多种体育教学模式探索的尝试已越来越多。以下就目前我国体育教学领域最有影响的几种教学模式做一简要介绍和分析。

第九章 现代教育背景下高校乒乓球教学模式的创新与探索

（一）运动技能传授模式

运动技能传授模式是以一种运动技能教育观为指导,以运动技能形成的规律和认知规律为主要依据设计教学过程结构的模式。这种模式是我国体育教学领域中,长期居于主导地位的一种传统体育教学模式。它在教学思想上主要受苏联体育教育理论的影响,是"主智主义"教育理论在体育教学上的具体表现形式。在教学的价值取向上十分重视学生对运动技能的掌握,将学生掌握运动技能作为教学的主要目标,并通过运动技术的学习和运动技能的掌握过程完成发展学生体能和进行思想品德教育等教学任务。

这一模式的教学过程主要遵循"泛化—分化—定型—自动化"的运动技能形成规律和由"感知—理解—巩固—应用"的认知规律,通过教师的讲解、示范以及相应的直观手段,使学生对所学运动技术有一定的感性认识,并在教师的组织和辅导下经过反复的运动实践感知,和教师对学生练习效果的不断反馈评价,逐渐掌握运动技能。该模式的教学效果取决于教师的运动技能水平、教学艺术水平（教学方法、手段运用的有效性）和学生的学习自觉性及其体育基础。

这一模式是我国最为传统和典型的一种体育教学模式,其优点是有利于运动技能的系统传授和教师有效地组织调控教学,有利于循序渐进地进行教学,使学生简捷有效地掌握运动技能。如果教师的教学艺术水平较高,对模式运用得当,在发展学生的运动技能方面则能够取得比较好的教学效果。

但是,该模式的缺点是不利于学生主体作用的发挥,不利于学生认知动机的激发和对多种运动乐趣的体验,难以处理好完整教学和分解教学的关系,无法充分调动学习的积极性和创造性。有鉴于此,一些教师对这一教学模式进行了相应的改革,使得这一传统的教学模式出现了新的变式。如受现代教育教学观（教与学的关系）和主动体育等思想的影响,出现了"教师辅助式"和"师生合作式"形式,取得了较好的教学效果。

（二）身体锻炼模式

身体锻炼模式又叫发展身体素质的模式。这种模式主要受体质教育思想的影响,把教学目标主要指向发展学生的体适能,并按照人体生理机能活动变化和负荷与休息合理交替的规律设计其教学过程结构,将教学过程分为准备、调整、再负荷、休息等几个阶段,并运用简单易学而富有锻炼实效的练习方法(如循环法、间歇法、处方法等),在教师的指导和监控下进行体适能锻炼,通过练习密度和脉搏频率调控运动负荷及其过程。

该模式最突出的特色就是学习内容比较简单,学生常处于动态的锻炼过程之中,其练习的密度高、学生承受的运动负荷比较大,对学生的意志品质有较高的要求,在发展学生的体能方面富有实效,并有益于磨炼学生吃苦耐劳的坚毅品质。

但这一模式也存在着明显的缺点,它要求教师严密调控运动负荷,并及时对学生进行引导教育,尤其是教学内容相对单一枯燥,"练"的因素常常代替了"习"的要求,易使学生对体育学习产生厌倦,不利于学生体育兴趣的培养和体育素质的全面发展。

(三)运动技能传授为主、身体锻炼为辅的模式

运动技能传授为主、身体锻炼为辅的模式是以"全面教育"的体育教学观为指导思想,以运动技能形成规律为主线,以运动负荷规律为辅助来建构教学过程结构。

"全面教育"的体育教学观是在我国体育教学改革思潮中逐渐发展起来的一种教学思想。"全面教育"的体育教学观强调体制教育和运动技能教育要紧密结合,主张体育教学的重心是发展学生身体,将"三基"作为教学手段,以思想教育为先导,以社会教育为辅助,全面完成体育教学的各项目标。

由于这种体育教学思想在教学的价值取向上力图使发展体能和掌握运动技能二者兼得,其教学主要指向运动技能的传授和身体锻炼,所以其教学过程在遵循运动技能形成规律的基础上,辅之以运动负荷的规律。与此相适应,还在教学内容上增加了发展身体素质的"课课练"内容,在教法体系中糅进了有助于发展体能的锻炼法,以便对传统的运动技能传授加以改造。

显而易见,这一模式的主线仍然是运动技能的传授,但又力图兼容体质教育思想及其教学模式的特点,在传授运动技能的过程中渗透一定的发展身体的内容(课课练)及其规律(身体负荷规律),是一种以技术学习和技能熟练为主、以身体锻炼为辅的一种教学模式。这一模式实质上运动技能传授模式的一种改造,或者说是运动技能传授模式的

第九章　现代教育背景下高校乒乓球教学模式的创新与探索

又一变式。

这一模式继承了传统的运动技能传授模式的一些优点,同时在此基础上对改变只注意运动技术、技能传授而忽略学生身体发展的问题,在克服身体锻炼模式教学内容比较单一枯燥的弊端方面有积极意义,对保证学生在校学习的身体发展和维护学生身心健康方面以及克服体育教学条件限制方面有一定的现实意义。

然而,这一模式也存在一些需要研究的问题。其教学过程结构是否应服从运动负荷的规律,负荷规律是否会干扰运动技能规律的完整贯穿,课课练的内容是否与主教材和教学过程的结构有内在的必然联系,是否会干扰主教材的教深教透,以及是否有利于形成良好的体育学习情结、进而形成良性的学习循环等问题值得我们进一步思考。

(四)合作学习模式

合作学习模式是以学生为中心的教学模式,与传统接受式体育教学模式相比,合作学习着眼点于开创积极的、主动的、开放式的学习方式,这既保障了教师在教学过程中的主导地位,充分发挥了教师的作用,又为学生营造了一个良好的、合作的学习氛围,促进了学生的全面发展。

合作学习的教学目标是在提高学生的运动技能的同时,培养学生的合作精神、意识、技巧及社会适应能力,注重学生情感的培养及高水平的思维和各方面的能力,使学生的知、情、意、行得到全面发展。合作学习采用班级授课(课堂教学)与小组活动相结合的教学组织方式,把个别化与人际互动有机地结合在一起,强调以集体授课为基础,以合作学习小组活动为主体形式,力求体现集体性与个体性的统一。合作学习中的课堂讲授以合作设计为基础,讲授过程力求简洁、清晰、高效,具有较强的研究性和探索性,同时为小组活动留有足够的空间。

合作学习组织学生学习的情境主要有竞争性的情境、个体性的情境、合作性的情境。在合作性的情境中,学生在既有利于自己又有利于他人的前提下进行学习。在这种情境中,学生会意识到个人目标与小组目标之间存在着相互依赖的关系,只有在小组其他成员都成功的前提下,自己才能获得成功。合作学习在突出合作的主导地位的同时,并不否认竞争与个人活动的价值,而是将之纳入了教学过程之中,使它们兼容互补,相得益彰。合作学习将合作、竞争和个人行为融为一体,并进行优化组合加以利用,符合教学规律和时代的需求,是对传统教学中单一竞争格局和教学情境的重大变革。

(五) 多媒体网络教学模式

多媒体网络教学模式是将计算机网络技术和多媒体技术有机组合进行教学的一种全新的教学模式，是在互联网络技术的支撑下，利用多媒体技术将枯燥、乏味的课堂知识形象地体现在声音、图像、影视、动画中。

多媒体网络教学模式是一种全新的教学模式。多媒体网络教学平台为学习者搭建了一个资源丰富的知识平台，为学习者提供了更多的学习机会和更全面的信息资源。多媒体网络教学更加重视培养学生的创造精神和实践能力，为终身学习的体制奠定良好基础。多媒体网络教学摆脱了时间与空间的限制，具有很强的时空优势，可以让学习不仅仅局限于上课时间、在教室与教师面对面的情况下进行。多媒体网络教学让教育资源共享变为可能，通过多媒体网络教学平台将信息与设备的共享实现最优化，从而使整个教学过程得以顺利进行，最终更好地完成教学目标。

我国现阶段的体育教学目标是向学生传授卫生保健知识和体育技术、技能，促进健康，增强体质，发展学生身体素质，培养学生运动能力和良好的思想品德。这一目标在多媒体网络教学中同样具有实用价值。

网络技术基础环境是多媒体网络教学的必要前提条件，因特网、广域网、局域网、高校校园网络以及各种硬件设备的性能，信息传输的条件等都制约着多媒体网络体育教学模式的展开。人机关系是多媒体网络教学的重要构成要素。人是指教师和学生，机是指多媒体设备、网络设备等技术环境。在体育教学过程中，教师—计算机—学生形成了一个特殊的教学关系，在这样的教学环境中，教师、学生以计算机网络为媒介形成了新的教学模式和师生关系。教师和学生可以不用面对面直接接触，教师通过网络把所需讲授的知识通过网络传递给学生，学生则通过网络学习教师发布于网上的知识。同时，不同地区、不同学校、不同体育教师对同一知识有各自的理解和感受，将这些理解和感受发布于网上，这样学生在学习时可有多种选择，有利于学生对知识的理解和掌握。

三、乒乓球教学理念的创新

教育理念是教师在长期的教学实践及教育思维活动中形成一种理

第九章 现代教育背景下高校乒乓球教学模式的创新与探索

性认识。科学的教育理念能正确引导教学,提高教学效果。随着我国教育改革的不断深入,乒乓球运动教学发展呈现迅猛之势,这就要求教学管理者和体育教师要从现代化乒乓球教学的实际情况出发,对原有的乒乓球教学理念进行总结与思考,积极借鉴先进的教学理念和教学思想,以形成新的适应当前体育教学形势的乒乓球教学理念,目前,乒乓球运动的新教育理念主要有以下几种。

(一)发现式体育教育理念

发现式体育教学模式以学生的自发活动为中心,遵循学生的认知,让学生按照自己的方式把获取的知识技能组合起来进行教学活动。教师在有计划地安排"发现"学习的过程中,充分调动学生认知和探索的积极性,让学生在独立的认知活动过程中获得体育知识和技能,激发学生的创造性思维和分析、解决问题的潜能,最终让学生成为学习过程的主体。

发现式体育教学模式要求教师要发挥很好的引导作用,如良好的示范动作让学生能观察到优美、准确的身体表现,在讲解中博采广引,让学生对新知识产生浓厚的兴趣。同时,对学生的要求要切合实际,能让学生经过努力而有所收获。以此帮助学生树立解决问题的信心,激发学生的内在潜力。

发现式体育教学要求学生在观察问题、解决问题时,必须已经具备一定的知识体系。运用已有的知识体系是学生学习新知识的关键。学生若没有探索精神和创新意识也是不行的。教师要帮助学生巩固已学知识、技术和技能,同时引导学生去发现新知识,激发学生的创新思维。

发现式体育教学模式的教学过程结构设计程序是提出问题、验证练习、讨论辨析、归纳问题、总结再练习。运动项目的学习和练习贯穿于整个教学过程中。通过教师的外在表现和内在说服,提出让学生感兴趣的问题,激发学生的学习热情。确定目标,让学生亲身实践。允许学生采用不同的方法实践,教师可以帮助学生总结、归纳问题的各种可能的解决方案,以进一步激发学生的探索欲望。让学生学会运用已有知识和经验,将新知识、技能与已有知识、技能很好切入,使学生找到解决问题的方案,达到教学的最终目的。

(二)快乐教育理念

传统的体育教学模式以教师为主导,进行填鸭式教学,完全忽略学生的主观能动性,从而使学生产生为上课而上课的被动心理。而快乐体育教学模式从学生出发,以学生为归宿,重视学生的兴趣、个性和能力培养,将体育运动中的乐趣作为教学目标内容。

我国的"快乐体育"思想及教学模式源于愉快教育,同时也受到国外(尤其是日本)学校体育思想的影响。我国的"快乐体育"思想及教学模式"以学生为本",将学生的发展作为体育教学追求的目标,致力于开发学生的潜能,提升学生的个人价值,塑造学生的个性品格。快乐体育在"以学生为本"的思想指导下,充分利用教师的引导,运用有效的教学方法和手段,从而激发学生的学习兴趣,调动学生的自觉性和积极性,让"厌学"变为"乐学","苦练"变为"乐练"。

我国的"快乐体育"思想及教学模式坚持贯彻"健康第一"原则。快乐体育教学模式符合新课程标准要求,有利于唤起学生的自主锻炼意识,充分发挥学生的积极性,帮助学生树立正确的体育与健康意识,掌握基本体育技能及正确的体育锻炼方法,养成自觉参加体育锻炼的习惯。快乐体育教学模式真正关注学生的健康意识,将增进学生的健康贯穿于体育教学的全过程。

在教学过程结构设计上,快乐体育教学坚持因材施教。学生个体不同,其心理发展水平、智力状况、自身能力、身体素质及个人爱好等方面都会存有差异。若设定统一的教学目标,那么体育素质比较好的学生就会因体育活动缺乏挑战而失去学习积极性,而体育素质比较差的学生则会因体育不达标而丧失学习积极性。因此,在快乐体育教育思想下,体育教学设计应因人而异,制订不同的教学目标,设计不同的教学内容,采用不同的教学方式。这种教学模式给予学生不同的教学辅导,让存在个体差异的学生获取不同层次的知识信息,从而能激发学生的学习积极性和主动性。

快乐体育教学注重情境创设。教学活动开始时,教师要善于根据教学要求设计教学内容,创设合适的教学情境,让学生自然地融入教学中。例如,创设"趣味游戏"情境,将游戏活动贯穿于教学活动中,让学生在快乐的游戏活动中轻松地获取体育知识和技能。

快乐体育教学注重学生的乐趣体验。快乐体育教学让学生自主探索,教师适时点拨,让学生主动发现并找到解决方法,从而体验成功的乐趣。例如,乒乓球发球练习,教师让学生自己练习,然后询问学生练习中存在的问题,在学生说出问题后,再询问学生解决方法是什么,并

第九章　现代教育背景下高校乒乓球教学模式的创新与探索

进行有针对性的讲解,最后再次让大家进行练习。学生就能够在练习中自己发现问题,自己寻找办法,然后解决问题,最终体验成功的乐趣。

快乐体育教学以学生为重心,注重学生的主体地位,让学生在教学中不断体验快乐,找到运动的内在乐趣,增强体育学习的兴趣。但是,以"乐"激"趣"并非唯一的途径。学生的兴趣不只受施教方式的影响,更受施教内容的影响。若教学方式创设的情景与教学内容所描述的情景相辅相成时,便能激发学生的兴趣,使学生感受到快乐。反之,若在快乐体育教学中,不考虑教学条件,盲目"引导"学生以快乐为目标,而忽视学生主动寻找快乐能力的培养,忽视学生创造性思维能力的培养,这是与快乐教育宗旨相悖的。

(三)"和乐体育"教育理念

"和乐",即"和睦安乐也"。"和"源于孔子"礼之用,和为贵"的思想,是孔子的育人标准。将"和"的思想用至体育教育中,重在强调教学的"和",即体育教学任务要合理,教学内容要全面,要充分体现"以学生为本"的思想。"乐"源于孔子的"乐学"思想。孔子曰:"学而时习之,不亦乐乎""知之者不如好之者,好之者不如乐之者"。

"和乐体育"教育继承了孔子的"乐学"思想,激发学生的学习兴趣,充分发挥学生的学习积极性和主动性,变"被动"教学为"主动"教学。"和乐体育"教育体现了矛盾对立统一原则。体育教学中存在诸多矛盾,如教师的主导与学生主体之间的矛盾、培养学生遵守纪律与发展个性之间的矛盾。这就要求在体育教学中,我们要正确看待并合理处理这些矛盾,使矛盾双方达到和谐统一,最终提高体育教学质量。"和乐体育"教育反映了系统论的原则。在体育教学中,我们要具备整体的思维,从整体出发,既要充分发挥老师的主动引导作用,又要关注教学目标、教学结构、教学方法、教材内容、教学评估等各方面之间的联系。

"和乐体育"教育注重以学生身心和谐发展为目标,注重学生从生理、心理、社会和生活等各个方面的全面培养。这种教学模式对营造和谐师生关系、促进学生全面发展有着重要意义。

(四)成功教育理念

成功体育教学是指在体育教学过程中要让学生体会到学习的成功。成功是学生学习的动力,让学生感受到学习的成功,这样才能更加激发学生的学习热情，使之更加勇于尝试各种体验，从而获得更多更大的成功。

每位学生都有获得成功的愿望和权利。在体育教学中，教师要耐心细致地观察，能精准地探知每位学生内心深处的想法，为每位学生提供成功的机会。每位学生都有巨大的潜能可挖掘。教师要善于引导学生，让学生的主动性充分发挥出来，从而使其潜能得到最大的发展。

实施成功体育教育，就要创造成功的机会。在教学活动中，教师要转变传统教学观念，根据学生身心的需求、社会对人才的需求及课程教学标准设计全新的教学内容和教学方法，创造合适条件，帮助学生获取成功的机会并取得成功。教师要深入了解学生，帮助学生分析学习中遇到的困难和问题，找到根源，然后进行针对性的教育。学生要不断地参与集体活动、不断地进行实践，在实践中体验成功。教师要采取鼓励性评价，帮助学生发现自身的优点和进步，从而激发学生的学习积极性。

实践证明，在体育教学中，学生通过设立目标，努力超越自己，是可以获得成功的。因此，成功体育教学模式就是运用运动的手段和组织措施，让学生树立个体目标，然后通过自身努力以获得成功感，最终促进学生身心发展的一种体育教学形式。其旨在调动学生学习主动性和自觉性，培养学生不断进取的精神，变被动学习为主动学习。

对于成功体育教学，我们应做出客观的评价。研究表明，通过奖励措施，通过自我超越使学生体验到成功的方法在低年级会更有效，而且长期效应不如短期效应好。由此可见，成功体育教学模式并不是万能的。

第三节　现代教育背景下高校乒乓球教学模式创新与发展的策略

体育教学策略是体育教师为达成体育教学目的和完成体育教学任务，根据教学实际情况而采用的教学程序、方法、手段、技巧和控制方式

第九章 现代教育背景下高校乒乓球教学模式的创新与探索

等的总称。合理运用各种体育教学策略以及科学灵活地选用体育教学方法,体育教学策略和体育教学方法是学习重点。本节对乒乓球教学策略的基本概念和特征进行了阐述。

一、体育教学策略的概念和特点

(一)体育教学策略的概念

教学策略是教师为了实现教学目标、完成教学任务而采取的一系列执行过程。教学策略包括三个过程,即教学活动元认知过程、教学活动调控过程和教学方法执行过程。教学策略要求教师要清晰地认识和了解教学活动,要认真研究和分析教学内容,要把握学生的学习水平和知识掌握程度。在此基础上,做出教学活动计划、教学活动评价及教学活动调控。教学策略分为宏观教学策略和微观教学策略。宏观教学策略注重从教学全局出发,微观教学策略主要针对教学方法与技能方面。根据对教学策略概念的理解,我们可以明确,体育教学策略是体育教师为达到体育教学目的、完成体育教学任务,根据教学实际情况而采用的一系列教学方法。这个方法包括教学程序、教学方法、教学手段、教学技巧和控制方式。

(二)体育教学策略的特点

1. 灵活性

体育教学策略的目的是实现教学目标、完成教学任务、解决教学问题、达到预期效果。体育教学类型不同,制订的教学目标、教学任务就不同,存在的教学问题、预期要达到的效果也会不同。因此,不同的体育教学采取不同的体育教学策略,每种体育教学策略需要在具体的特定的环境和条件下才能进行。也就是说,普遍适用的体育教学策略是不存在的。同时,各种教学策略与教学对象、教学问题之间的关系也不是一一对应的。同一教学策略运用于不同的教学对象和教学问题会产生不同的教学效果,而将不同的教学策略运用于同一教学对象和教学问题也会产生不同的教学效果。由此可见,教学策略可以被灵活地运用。因此,在选择教学策略时,教师需要根据教学目标、教学内容、学习对象及教学环境做出综合研究和分析。

2. 整体性

行之有效的、科学的体育教学策略是针对具体的教学条件和教学需求,针对某个具体教学而采取的策略。因此,教师在运用教学策略时,需从整体出发,对整个教学过程和教学中的各个因素进行综合的、全面的分析和考量,最终形成可行的教学方案,应用到教学实践活动中。

3. 可操作性

体育教学策略是针对具体的体育教学目标和体育教学内容而制订的,它是达到一定的具体的预期效果的。体育教学策略根据具体的教学目标、教学内容和学习对象等因素采取了相应的教学程序、教学方法和教学技术。由此可看出,体育教学策略具有明显的实用性和可操作性。

4. 可调控性

教学策略包括教学活动元认知过程。而教学活动的元认知过程以学生为主体,不断强调学生的主体地位,注重学生自主学习,自主发现问题、解决问题。因此,在体育教学中运用的教学策略必须具有可调控的特性,这样才能达到提高学生自主性的目标。在体育教学中,教师必须及时收集和整理教学中的各种信息,针对教学进程中出现的问题做出及时的分析和总结,从而能适时调整教学策略,调整教学方法和教学手段,最终完成教学任务、实现教学目标。

二、高校乒乓球教学模式创新与发展的策略

当今社会信息瞬息万变,社会高速发展,人们接收信息、学习知识的方式已发生改变。目前,我国的教学虽然形成了多种教学模式,但仍以传统的教授模式占据主导地位。体育教学也不例外,主要以"传授运动技能的模式"和"以传授运动技能为主、发展身体素质为辅的模式"为主。传统教学模式主要是传授技术和技能,整个教学过程以掌握运动技术为前提,以形象记忆和重复练习为手段。

在当前社会,传统的体育教学模式存在许多弊端。第一,"为教技术而教技术",将传授运动技术当作教学目标,而忽视对学生的兴趣的培养;第二,教学内容不充实,欠缺激发学生主动思维和参与实践的内容;第三,教学设计不全面,片面地侧重教师的"教",而忽略学生的主动

第九章 现代教育背景下高校乒乓球教学模式的创新与探索

"学",未做好教学有机结合;第四,教学过程缺乏学生学习之前对运动的整体性感知的过程。总体而言,传统的体育教学模式在很多方面都有待改进,如提高学生主动性、活跃教学氛围、增加教学实践活动等方面。

为了解决存在的教学问题、改善现有教学模式,在吸取国外体育教学模式先进经验的基础上,学者提出了一个改革传统教学模式的理论假设,即"AB"型体育教学模式。

"AB"型教学模式分为两大类。一类是以教师教授为主,重点关注学生身体发展,这被称为 A 型教学;另一类是以学生主动学习为主,重点关注学生的认知、情感的发展,这被称为 B 型教学。"AB"型教学模式加入"课题提出""课题归纳"过程,使整个教学更具探究性;加入"尝试性学习"过程,便于学生更全面地了解和认识体育运动,同时也增加了学习的趣味性;明确学习课题,促进了学生主动性的提高。

在当前教育大环境下,如何在新的体育教学理念影响下认识体育教学,如何继续保留传统体育教学模式中传授运动技能和发展身体素质方面的优秀因素,如何从教学结构和教学实施入手革新传统教学模式,如何更好地处理运动技能形成规律、运动认知规律、运动情感体验等之间的关系,如何有效地协调教与学之间的关系,如何强有力地激发学生的学习主动性,如何更好地实现教学目标、完成教学任务……一系列体育教学问题促使当前体育教学模式必须进行改革,才能更好地适应当前教学环境。

近年来,我国体育教学在教学模式方面已做了很多有益于体育教学的尝试和革新。但是,在新的历史条件和教学环境下,建立一个适应当前体育教学、实现教学完美结合的全新的体育教学模式,仍将是今后我国体育教学模式创新与发展的趋势。

参考文献

[1] 杨乃彤,王毅.高校体育教学创新及运动教育模式应用研究[M].北京:九州出版社,2019.

[2] 张丽蓉,董柔,童舟.人文精神视阈下高校体育教学模式的理论构建[M].北京:中国纺织出版社,2019.

[3] 刘海军,刘刚,裴钢辉.基于素质教育导向的高校体育教学方法、模式改革理论与实践[M].北京:中国纺织出版社,2019.

[4] 张伟,孙哲.体育教学功能解析与实现途径研究[M].北京:中国商业出版社,2018.

[5] 李卫东,汪晓赞.体育课程教学模式[M].北京:高等教育出版社,2018.

[6] 李福祥,李杰,林海.体育课堂教学设计与技能训练指导[M].北京:九州出版社,2018.

[7] 卢丹旭,周成成,秦宇阳.体育教学与模式创新[M].北京:中国纺织出版社,2018.

[8] 中国乒乓球协会审定.乒乓球竞赛规则2016[M].北京:人民体育出版社,2017.

[9] 吴新炎.基于体质健康视角的高校体育教学模式研究[M].北京:中国原子能出版社,2017.

[10] 任婷婷.高校体育教学管理改革与模式构建[M].长春:吉林大学出版社,2017.

[11] 焦延歌,巫坤亚.体育教学理论与实践研究[M].北京:中国言实出版社,2017.

[12] 罗玲,温宇,蓝芬.体育教育教学改革研究[M].北京:民族出版社,2017.

[13] 吉丽娜,李磊.高校体育教学与训练理论实践探究[M].北京:地质出版社,2017.

参考文献

[14] 戴建波.体育教育新架构运动教育模式[M].宁波：宁波出版社,2017.

[15] 戴信言.高校体育教学多种模式的探索[M].北京：中国原子能出版社,2016.

[16] 张振华.体育教学理论与方法[M].北京：北京师范大学出版社,2016.

[17] 马尚奎,李俊勇.体育教学导论[M].长春：吉林人民出版社,2016.

[18] 陈玉群.体育教学研究[M].北京：光明日报出版社,2016.

[19] 毛振明.中小学体育与健康有效教学模式[M].北京：北京师范大学出版社,2014.

[20] 王崇喜.体育课程与教学改革研究[M].开封：河南大学出版社,2014.

[21] 李林,杨成波.乒乓球竞赛组织与管理[M].成都：电子科技大学出版社,2011.

[22] 张瑞林.乒乓球运动[M].北京：高等教育出版社,2006.

[23] 邵伟德.体育教学模式论[M].北京：北京体育大学出版社,2005.

[24] 李国泰.体育课程组织形式及其教学模式论[M].重庆：重庆大学出版社,2005.

[25] 姚蕾.体育教学论学程[M].北京：北京体育大学出版社,2005.

[26] 周明诚,彭小云.体育学校（院）教学模式创新与规范化管理及规章制度实务全书[M].天津：天津电子出版社,2004.

[27] 苏丕仁.乒乓球运动教程[M].北京：高等教育出版社,2004.

[28] 康凯.高校乒乓球训练中的体能训练方法论析[J].产业与科技论坛,2021,20（02）：181-182.

[29] 李昂.高职院校乒乓球课程发展存在的问题分析[J].文体用品与科技,2021（04）：182-183.

[30] 孟祥坤,邓锐潮.乒乓球选项课的"3+进阶式"教学模式设计[J].体育科技文献通报,2020,28（12）：24-25,40.

[31] 朱正天.普通高校乒乓球课程的全面改革分析[J].文体用品与科技,2020（18）：172-173.

[32] 刘呈浩.信息化教学手段在乒乓球教学中的应用[J].拳击与格斗,2020(12):108-109.

[33] 龚涛.微课在高校乒乓球课教学中的运用刍议[J].才智,2020(20):132-133.

[34] 王勇.高校乒乓球教学的现状分析及优化途径研究[J].当代体育科技,2020,10(29):161-163.

[35] 李春意.高校大学体育乒乓球选项课考核改革探索[J].当代体育科技,2020,10(35):83-85.

[36] 孙燕.高校乒乓球课程俱乐部教学模式的优化与评价[J].西安文理学院学报(自然科学版),2020,23(04):116-119.

[37] 谷军.高校乒乓球教学质量优化初探[J].拳击与格斗,2020(11):86-87.

[38] 朱洪生,谢秀叶,李卫东.大学体育乒乓球课程教学内容设计——基于实战情境课程模式的应用[J].当代体育科技,2020,10(18):105-107,109.

[39] 徐韵.普通高校乒乓球选修课程教学改革及对策研究[J].鄂州大学学报,2020,27(06):89-91.

[40] 江小燕,朱海飞.高校乒乓球教学质量现状与优化的研究——以广东茂名幼儿师范专科学校为例[J].当代体育科技,2020,10(04):44-45,47.

[41] 陈杰."终身体育"理念下高校体育教学改革浅析[J].科教文汇(中旬刊),2020(11):131-132.

[42] 王尔西.快乐体育教学理念在高校体育教学中的应用研究[J].作家天地,2020(21):58-59.

[43] 张琳.创新教育理念的高校体育教学探究[J].冰雪体育创新研究,2020(16):64-65.

[44] 周钟琳.高校乒乓球课程设施现状调查研究[J].文体用品与科技,2020(08):140-141.

[45] 田伟.现阶段我国高校体育教学环境优化与发展探究[J].文体用品与科技,2020(01):106-107.

[46] 贺奇乐,卫廷,杨琦."健康第一"理念下高校体育教学的改革创新[J].陕西教育(高教),2020(06):29-30.

[47] 马玲.教学环境对高校体育教学的影响与优化探究[J].创新

创业理论研究与实践,2020,3(11):47-48.

[48] 李东升,闫志燕.云南省高校乒乓球运动开展现状研究[J].文体用品与科技,2019(09):70-71.

[49] 胡毅,朱旖旎,刘振,刘稳.普通高校乒乓球课教学内容的优化探究[J].体育风尚,2019(09):152.

[50] 李孟临."健康中国"视域下高职院校乒乓球俱乐部教学改革研究[J].当代体育科技,2019,9(35):1,3.

[51] 俞婧,欧阳小勇,陈清香.高职院校乒乓球课程教学方法的创新分析[J].文体用品与科技,2019(18):125-126.

[52] 缪振尚.从技能角度看乒乓球运动的专项特征[J].当代体育科技,2013,3(04):113-114.

[53] 兰彤,何艳.体育院校体育教育专业乒乓球课程内容设置创新研究[J].沈阳体育学院学报,2008(05):90-92.

[54] 周冲.湖南省普通高校体育教育专业乒乓球普修课教学优化研究[D].湖南师范大学,2020.

[55] 杨昊迪.河南省普通高校乒乓球选修课程优化研究[D].河南大学,2019.

[56] 王岳.辽宁省属普通高校乒乓球课程优化研究[D].辽宁师范大学,2017.